JN291980

# 日本の教師再生戦略

## 全国の教師100万人を勇気づける

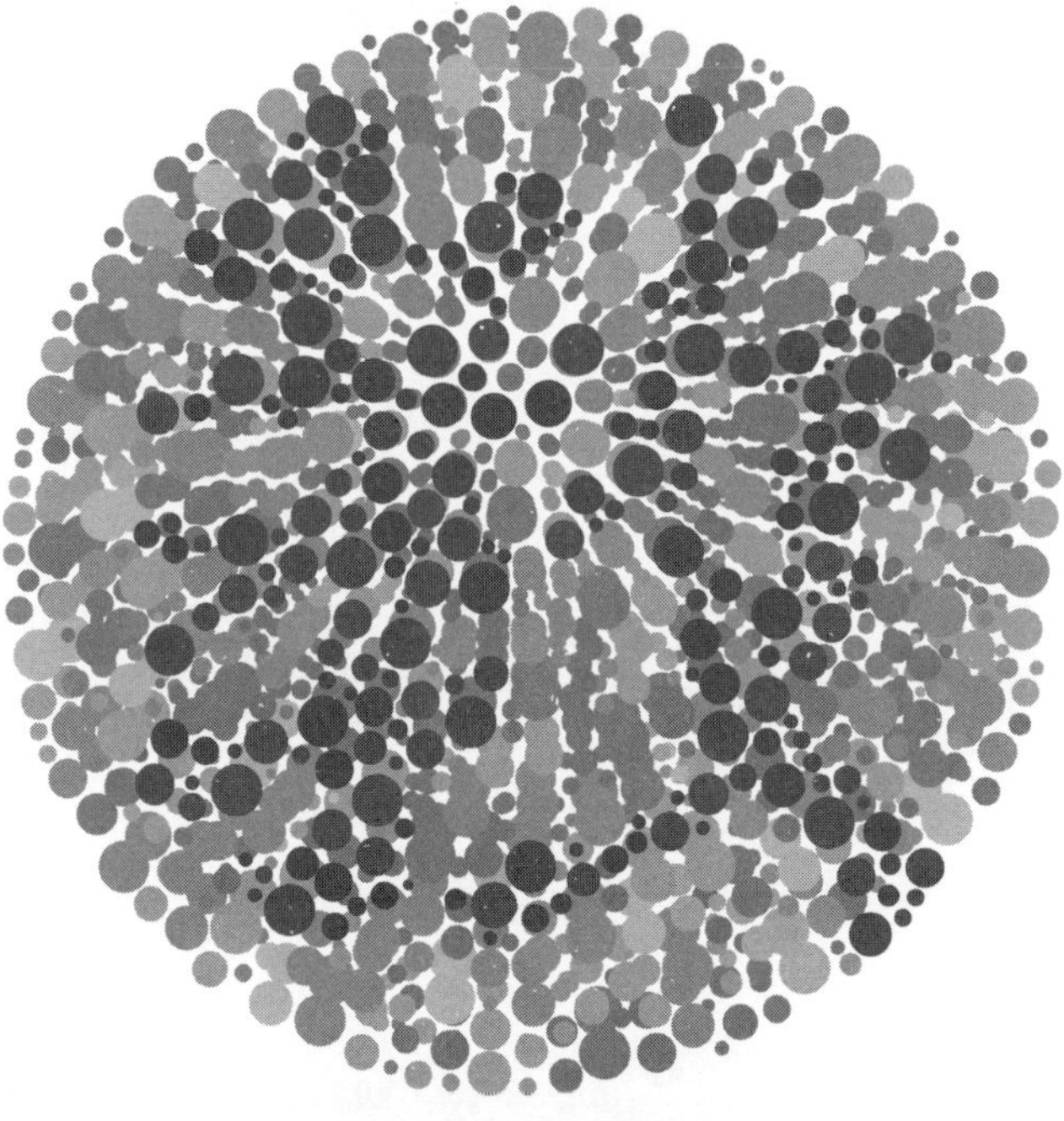

国立教育政策研究所
千々布敏弥

教育出版

# はじめに

教育改革の進行に伴い、改善されているはずの学校現場を訪れるたびに、教師の悲鳴に似た訴えに出会う機会が増えてきた。「矢継ぎ早の教育改革」「教育改革病」「垂れ流しの教育行政」などのことばに最初出会ったときは、教育改革の推進を任と考えてきた筆者にとってショックであると同時に、意味をつかみかねていた。教師たちの悲鳴の内実を理解しようと、数年間かけて、教師、校長、教育行政関係者へのインタビューを重ねてきたところ、問題の本質がおぼろげながら見えてきた（ような気がしている）。

国内の情報収集に加え、二〇〇三年に在外研究の機会を得て米国教育を体験できたことは、日本の教育の潜在的力を再認識する機会となった。一九八〇年代以降の米国は、教育改革の推進で世界的に知られているところであるが、同時に、ドナルド・ショーンが提起した教師の専門職性認識のコペルニクス的転回により、教師の暗黙知に踏み込んだ力量形成のための研修機会が増大しつつある。筆者を驚かせたのは、教師の暗黙知を育むべく米国教育界が開発しつつある研修手法の一つに、日本の授業研究が含まれていることであった。

帰国後、授業研究に関する先行研究を調べてみると、日本の授業研究は明治期より実践されているとのことである。各学校で授業研究を実施するのは当然という文化が形成されており、教師の研修は、教育センターにおける研修受講と授業研究を核とした校内研修により実施されることが、なんの疑いもなくほとんどの教師に当然のことと受け入れられている。

米国が注目しつつあり、一世紀以上の歴史を有する日本の授業研究は、皮肉なことに、教育改革の進行に伴う教師たちの多忙感のゆえに、その機会が減少しつつある。かつて毎学期ごとに実践されていた授業研究が年に一回と減り、教師たちは授業研究のための授業の公開に尻込みして、新任教師や異動してきたばかりの教師に押しつけ、無理やり押しつけたがゆえに、授業後の討論は表面的な賛辞に終始して、授業を公開した教師においても、参観した教師においても力量の向上が見られない授業研究が増加している。

そのような動きがある一方、これまで一律的な研修機会ばかりを提供してきた教育センターが、研修サービスの見直しの一環で授業研究に注目するようになってきている。この動きに、米国動向の逆輸入の勢いを加えたならば、衰退しつつある授業研究を再活性化し、日本の教師の力量を高めることができるかもしれない、というのが本書の執筆動機である。

この執筆意図を達成するための説明論理として、本書ではいくつかの概念枠組みを用意した。第一に、教育改革の構造を解釈するうえで「三すくみ論」を提起した。現在の教育改革は、長年外部からの意見や評価から逃れてきた学校現場への国民の不満を最大のエネルギー源としている。その国民の意向はマスコミという媒体を通じて増幅し、文部科学省をはじめ、都道府県や市町村教育委員会に対して教育改革の推進を強く求めているのに、国民（マスコミ）の不満はいまだに解消していない。教育行政機関は、国民の意向やマスコミの批判を受けて、改革を推進しているが、国民の多くにとっては、行政機関の既得権益に合わせて学校の既得権益を守ろうとしているかのように映っている（そのようにマスコミは報道している）。学校現場の教師にとっては、改革の指令を直接に下す文部科学省や教育委員会が、自分たちの保身のみを考えて学校現場を錯乱させる侵入者に見えている。教育行政機関は思うように動かない学校現場に不満を持ち、学校現場を実態以上に低く評価するマスコミにも不満を持っている。互いが互いを批判し合っている状況のなかで（国や都道府県―学校―マスコミ）、表面的な改革が進行しつつあるものの、それぞれの「心の中」は変わっていないために、本質的な問題解決にはつながっていないというのが、「三すくみ論」である。

第二の枠組みは、暗黙知論である。暗黙知とは、我々が明示的に意識できる知識（明示知）の対局である無意識の世界の知識のことである。たとえば、我々は自転車に乗れるが、なぜ乗れるのかを説明はできない。科学哲学者のマイケル・ポランニーは科学的発見に際して科学者は暗黙知としてその発見内容を知っていると指摘したのが暗黙知概念の始まりであるが、私は教師の知識の大部分も明示的に説明できない暗黙知でないかと考えている。私の暗黙知論をおそらくドナルド・ショーンも支持してくれるであろう。

教師の専門職性が医者や法律家などの近代合理主義精神の下で伸張した専門職性とは異なることを、ドナルド・ショーンが提起し、教師の専門職性を伸ばすためのリフレクション（振り返り）の必要性を強調したことにより、全世界にリフレクション・ブームが起こった。その余波は日本にもすでに及んでいるものの、ショーンの理念を日本の教師教育の世界に当てはめるためには、日本の文脈に合わせて少々アレンジする必要があると思う。そこで、リフレクションにより育まれている力量を暗黙知として、講義などのテキスト情報により獲得できる明示知と対照的にとらえ、日本の学校教育文化において暗黙知を育む場面が多様に存在していること、その典型が授業研究であることを説明した。

第三の枠組みは、教育センターの改革動向である。平成一〇年以降の教育の地方分権の流れと、財政事情の悪化が絡み合い、都道府県や政令指定都市が設置している教育センターの多くは組織的にも活動内容も大きく変容しつつある。組織改編の内容や活動内容の変更状況は機関により異なるものの、いずれの改革動向にも共通して見られるのが、サービスを提供する対象である学校や教師の個別のニーズに対応しようという流れである。顧客志向ということでは、今日の教育改革におけるニューパブリックマネジメントの一環ととらえることもできようが、教育センターの改革動向は、国民の批判を原動力としている教育改革とは異なり、教育センターの自主的な改革の結果として個別ニーズに対応した研修や研究の成果を提供するようになっている。

第二の枠組みで提起する教師の暗黙知は、教師の力量の相当部分を占めながらも、これまでの教員養成や現職教育ではあまり注目されてこなかった。それでも、日本の学校教育文化は他国に比べて（少なくとも米国に比べて）暗黙知を育む文化が強く根づいており、他国に比べれば少ないエネルギーで、これを大きく育てることができる。たとえば、日本の学校では、授業研究や校内研究のために放課後に会合を持つことは、多忙等を理由に嫌がる教師はいるものの、その企画自体が無意味であると主張する人は少ない。アメリカでは、放課後に校内研修の場を持つのは至難の業である。教員組合と学区の間で勤務時間の協定が結ばれており、校長は校内研修を実施するために補助金を獲得し、それを教師の時間外手当てにあてなくてはならない。日本では、多くの教師が報酬と関係なく、子どものためという理由で授業研究や校内研究に取り組んでいる。そのような認識が日本の学校文化として成立している。日本の授業研究や校内研究が生み出す成果が大学の研究者が生み出す明示的な理論と異なることも、日本の教師たちには暗黙の了解となっている。小学校や中学校の校内研究の発表会に集う教師たちが第一に見るのは、その学校の研究報告書ではなく、その学校の子どもたちである。集まった教師たちは、公開授業を通じて明らかとなる子どもたちの育ちを見て、その学校の研究発表のレベルを評価している。

日本では、教師の暗黙知を育むための手段も、評価の視点も、すでに存在している。これを自覚的に深めるだけで、日本の教師はさらに力量を高めることができるはずなのである。その流れを促進するように、教育センターは変容しつつある。実は、日本の教育センターは世界的に見て、極めて有能な人的物的リソースを備えた現職教育サービス機関である。その教育センターが第三の枠組みで提示するように、個々の学校の支援に乗り出しつつある。具体的には、教育センターの有能なスタッフが個々の学校で実施する授業研究の指導に乗り出すことにより、衰退しつつある授業研究の再活性化のアクセルとなる例が生じつつある。

　授業研究の再活性化という現在の流れを加速することで、私は、日本は第一の枠組みで提示する、教育改革の三すくみ状態から脱却できると予測している。三すくみ状態の根源は、国民の教育不信にある。授業研究の活性化により教師の力量が向上し、子どもの学力が向上したならば、国民はそれ以上に何を望むのであろうか。現行の教育改革は、その施策の多くが、その意義を「明示的」に説明できるものでありながら、教師たちは結果として「暗黙的」な教育実践の充実が行えず、多忙感、疲労感を覚えている。日本に存在している暗黙知を育む土壌は、明示的に説明できる行政施策により浸食されつつある。この構図は、ショーンが非難した近代合理主義精神の肥大状況に暗黙知の世界が侵されている状況とも受け取れる。

　日本の子どもの学力と教師の授業力は世界有数のレベルにある。現在それが若干衰退しつつあるものの、その立て直しは、はるか低いレベルにある国（たとえばアメリカ）に比べて、はるかに容易である。持っていない文化を獲得しようとするのであれば多大の労苦が伴うであろう。アメリカの教育改革はその典型である。日本は、歴史的にすでに育んでいる文化が抑圧されている状況に、ちょっとしたきっかけを与えることにより、大きく飛躍する可能性がある。

　日本の教育を覆っている明示的な世界の呪縛を解き放ち、伝統的に有している暗黙的な教育力を発揮するための戦略を本書は構想する。どの程度、この目的が実現できるかわからないが、少なくともこの目的を主張することの意義はあると考えている。

本書の構想は、アメリカの教育事情を興味深く聴いてくださると同時に日本の教育の優秀性を説かれた元文部大臣有馬朗人先生、筆者が教育改革国民会議事務局に勤めた際の上司で、現在の文部科学省初等中等局銭谷眞美局長、教育改革国民会議委員を務め、現在兵庫教育大学学長となられている梶田叡一先生、全国教育研究所連盟という教育センターの集まりの場で学校現場や教育センターの現状について赤裸々に訴えてくださった皆様との交流を通じて育んだ。

日本にいる約一〇〇万人の教師たちが、本書で勇気づけられれば幸いである。

# 目次

## 第三章　米国に広まりつつある実践的な教員研修　67



## 第四章　教師の力量と暗黙知　85



## 第五章　日本の授業研究が育む教師の暗黙知　99

## 第六章　広がる教師の応援団　123



## 第七章　教師のバージョン・アップ　139

# 第一章　教育改革の中の教師たち

# 1 臨時教育審議会から始まった教育改革

## 第三の教育改革

現在の教育改革の流れは、明治五年の学制発布による第一の教育改革、戦後の教育基本法、学校教育法体制による第二の教育改革に次ぐ、第三の教育改革と称されている。

第一の教育改革と第二の教育改革は、日本にとって政治的にも社会的にも大きな変革を果たした時期であった。これに対し、第三の教育改革は、社会の基本的体制としては戦後の基本的枠組みを維持したまま、日本の経済力の拡大、進学率の上昇、産業構造の変化、海外との交流の拡大、情報化の推進等の社会の変化を踏まえ、これまで一律に教育の機会を拡大することに重点を置いていた施策を転換し、個性に応じた教育の機会を提供することを目指すものである。

第三の教育改革を目指した論議は、昭和五九年に設置された臨時教育審議会にまでさかのぼる。臨時教育審議会は、昭和六二までの三か年にわたり審議し、生涯学習、学校教育、国際化、情報化、教育行財政等教育全般にわたる改革を提案した。その後、中央教育審議会、大学審議会等が次々と、臨時教育審議会の提言を実施するための改革提言を行っている。これらの提言により実施された改革としては、生涯学習振興法、単位制高等学校、専門高校の総合学科、中高一貫校、初任者研修制度、大学入試センター試験創設、大学入学年齢制限の緩和、大学設置基準の大綱化、自己点検・評価システムの導入等があげられる。また、平成一二年の教育改革国民会議以後は、教師の質の確保のための一〇年経験者研修の法制化、指導力不足教員対策、奉仕体験活動の学校教育法上の明文化、少人数教育の実施等の施策が実現している。

このほか、学校現場では、総合的な学習、目標準拠評価、学校評価、学校評議員制度、学校選択制度、特別支援教育などが、国の指導のもとに次々と実施されている。また、平成一一年の地方分権一括法により、教育委員会の権限が増大したことにより、市町村や都道府県の判断による少人数学級編成、二学期制などの動きも見られる。地方の独自の判断で学力テストを実施する事例も増えてきた。

さらに最近は、文部科学省以外の官庁（主として官邸）から教育に関する提言や施策が出されるようになってきている。総合規制改革会議は平成一三年から一四年にかけての答申において、教育改革国民会議も提言したコミュニティ・スクール導入のための法制度整備に向けた研究を推進すること、教育分野における株式会社の参入などを提言している。これらの提言を受け、平成一五年度から構造改革特区において試行的な実践を行うこととし、市町村費負担教職員の任用、公設民営学校、株式会社による大学設置などが、構造改革特区として認定された地域で実践されているところである。また、地方分権改革推進会議と経済財政諮問会議では義務教育費国庫負担制度の見直しを提言している。

## 教育改革の背景にある学力低下論

これらの諸改革により、学校教育は改善されているはずであるが、多くの国民は逆のイメージを持っているであろう。平成一六年一二月にOECDによる生徒の学習到達度調査（PISA）と国際到達度評価学会による国際数学・理科教育動向調査（TIMSS）の結果が公表された。小学校理科と中学校・高校の数学、高校の読解力で前回調査より正答率が低下する傾向が見られている。この結果を受けて、文部科学省は「我が国の学力は全体として国際的に見て上位」であるものの「読解力など低下傾向にあり、世界トップレベルとは言えない」との見解を示している。新聞等のマスコミでは学力低下が明らかになったという文脈で報道し、日本の教育が危機的状況にあるという印象を与え続けている。

国際学力調査の成績が、かつてのトップレベルから低下傾向にあることは否めないとしても、ではどうすればよいかという解決策についての議論は奇妙な方向に行きがちである。筆者が講演等で学力低下問題の解決のモデルをどこに求めるかとたずねると、アメリカと答える人が多い。そこで、表のように、アメリカの国際的な成績の低さを示すと、多くのかたが驚くのである。後述するが、アメリカでは一九八〇年代から学力向上のための施策を次々に打ち出している。それにもかかわらず、二〇〇〇年調査時の成績よりも二〇〇三年調査の成績がさらに低い結果となっている。フランス、ドイツなど他の先進国もおおむね成績はよくない。日本は韓国やフィンランドの後塵を拝するようになったものの、先進国の中では依然トップクラスにある。

## OECD・PISA調査　数学的リテラシーの成績

| 2000年調査 | |
|---|---|
| 1 | 日本 |
| 2 | 韓国 |
| 3 | ニュージーランド |
| 4 | フィンランド |
| 5 | オーストラリア |
| 6 | カナダ |
| 7 | スイス |
| 8 | イギリス |
| 9 | ベルギー |
| 10 | フランス |
| 11 | オーストリア |
| 12 | デンマーク |
| 13 | アイスランド |
| 14 | リヒテンシュタイン |
| 15 | スウェーデン |
| 16 | アイルランド |
| 17 | ノルウェー |
| 18 | チェコ |
| 19 | アメリカ |
| 20 | ドイツ |
| 21 | ハンガリー |
| 22 | ロシア |
| 23 | スペイン |
| 24 | ポーランド |
| 25 | ラトビア |
| 26 | イタリア |
| 27 | ポルトガル |
| 28 | ギリシャ |
| 29 | ルクセンブルグ |
| 30 | メキシコ |
| 31 | ブラジル |

| 2003年調査 | |
|---|---|
| 1 | 香港 |
| 2 | フィンランド |
| 3 | 韓国 |
| 4 | オランダ |
| 5 | リヒテンシュタイン |
| 6 | 日本 |
| 7 | カナダ |
| 8 | ベルギー |
| 9 | マカオ |
| 10 | スイス |
| 11 | オーストラリア |
| 12 | ニュージーランド |
| 13 | チェコ |
| 14 | アイスランド |
| 15 | デンマーク |
| 16 | フランス |
| 17 | スウェーデン |
| 18 | オーストリア |
| 19 | ドイツ |
| 20 | アイルランド |
| 21 | スロバキア |
| 22 | ノルウェー |
| 23 | ルクセンブルグ |
| 24 | ポーランド |
| 25 | ハンガリー |
| 26 | スペイン |
| 27 | ラトビア |
| 28 | アメリカ |
| 29 | ロシア |
| 30 | ポルトガル |
| 31 | イタリア |
| 32 | ギリシャ |
| 33 | セルビア・モンテネグロ |
| 34 | トルコ |
| 35 | ウルグアイ |
| 36 | タイ |
| 37 | メキシコ |
| 38 | インドネシア |
| 39 | チュニジア |
| 40 | ブラジル |

また、民間の調査（ベネッセ「学習基本調査報告書」）では「授業がわかる」という回答が上昇している。平成一七年四月に公表された平成一五年度教育課程実施状況調査でも、前回の平成一三年度調査に比べ、「授業がわかる」と答えた児童生徒の割合が増加している。現在の教育施策はマスコミが印象づけるほどの悪い結果を生み出してはいない（筆者は、非常に高い成果が上がっていると感じている）。

近年の国際学力調査が示す日本の問題点は、学習意欲の面である。次ページにあるように、日本の中学生の数学、理科の自信は調査国中最低レベルである。

また、家庭での勉強時間が少なく、テレビを見たりテレビゲームをする子どもの割合が高いことも、国際調査で示されている。このような状況に加え、数年前から報告されるようになっ

授業の理解度

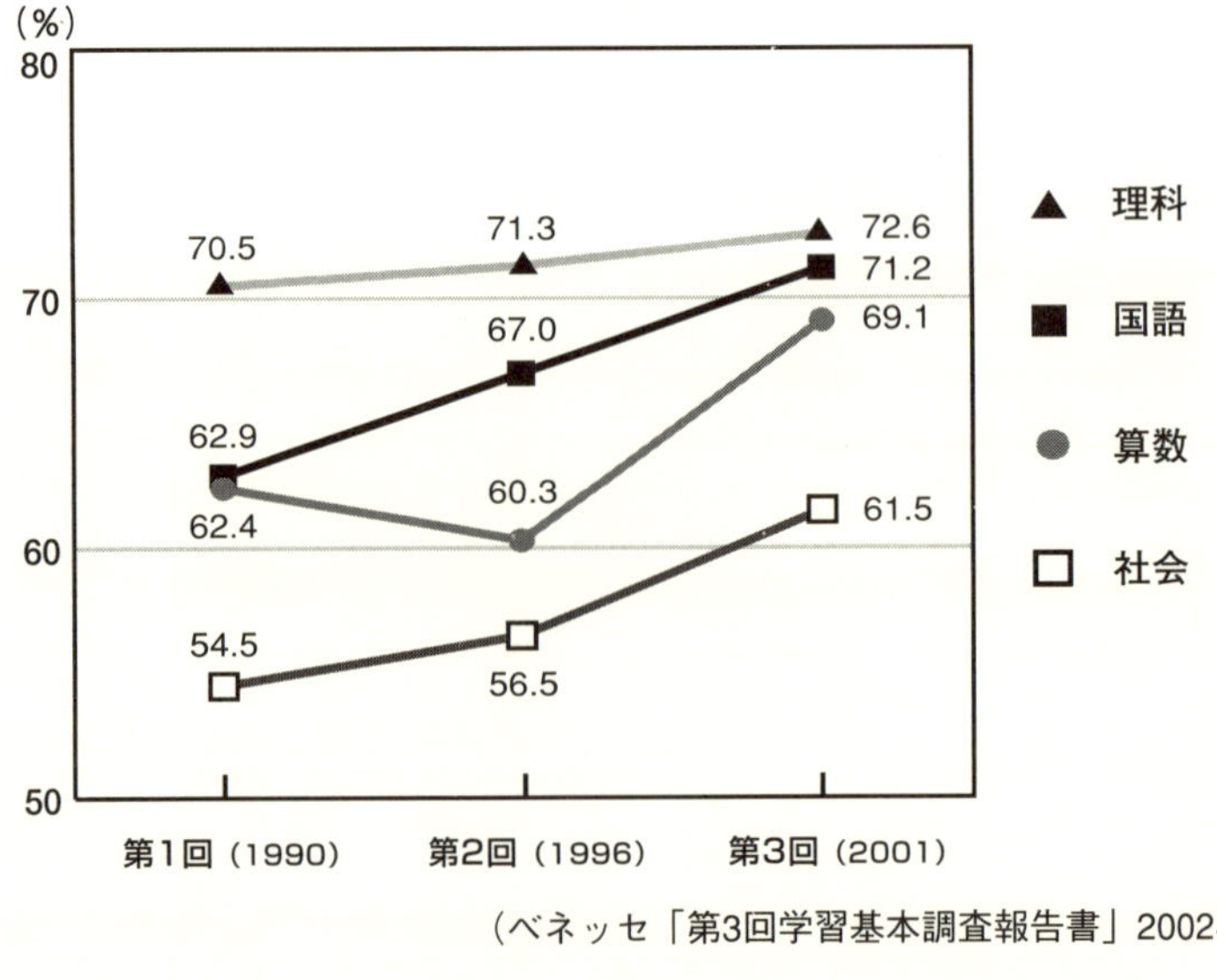


（ベネッセ「第3回学習基本調査報告書」2002年）

「理科の勉強に自信がある」（中学2年）

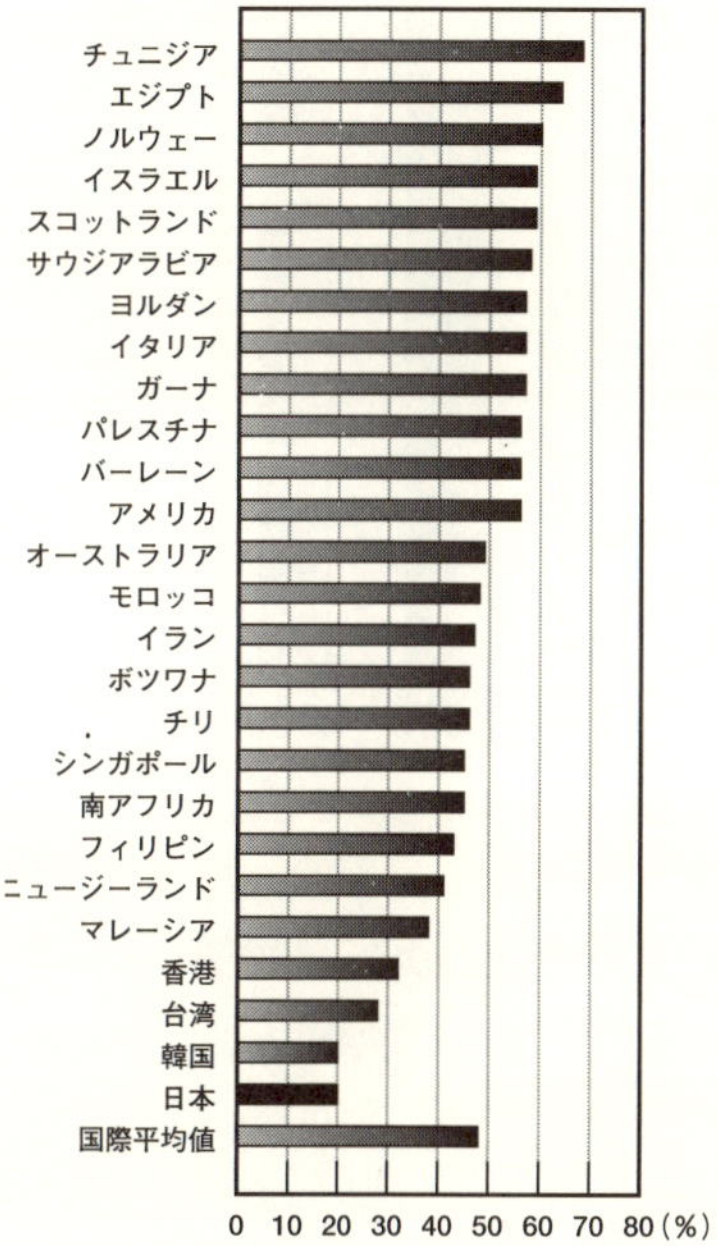


「数学の勉強に自信がある」（中学2年）

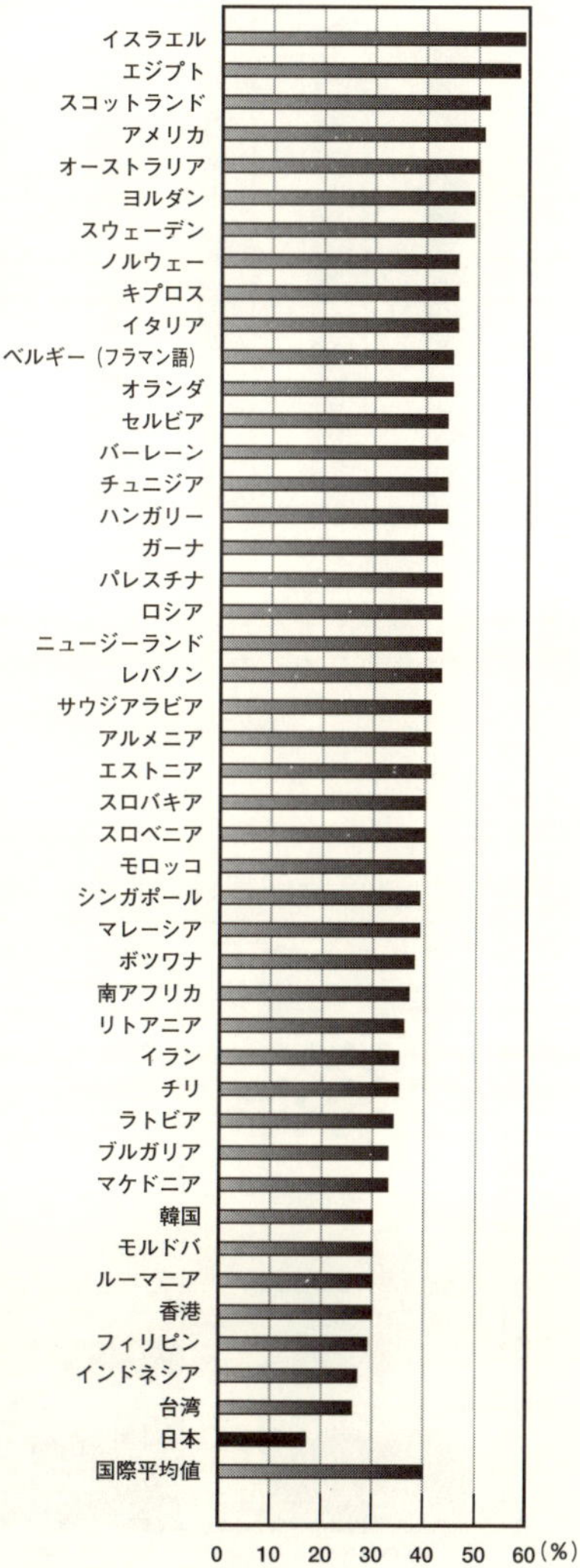


（TIMSS2003年調査）

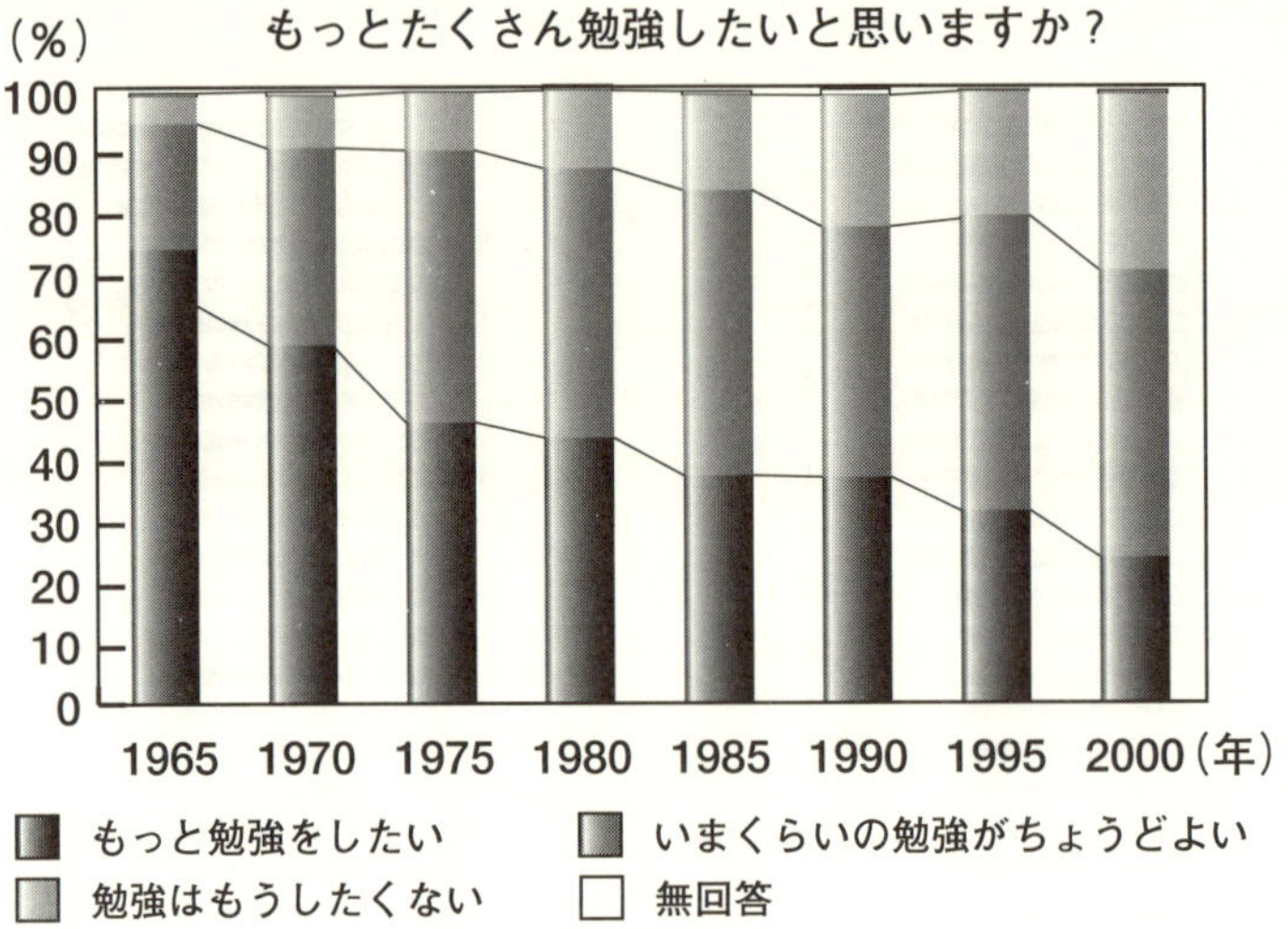


（藤沢市教育文化センター『「学習意識調査」報告書』2001年）

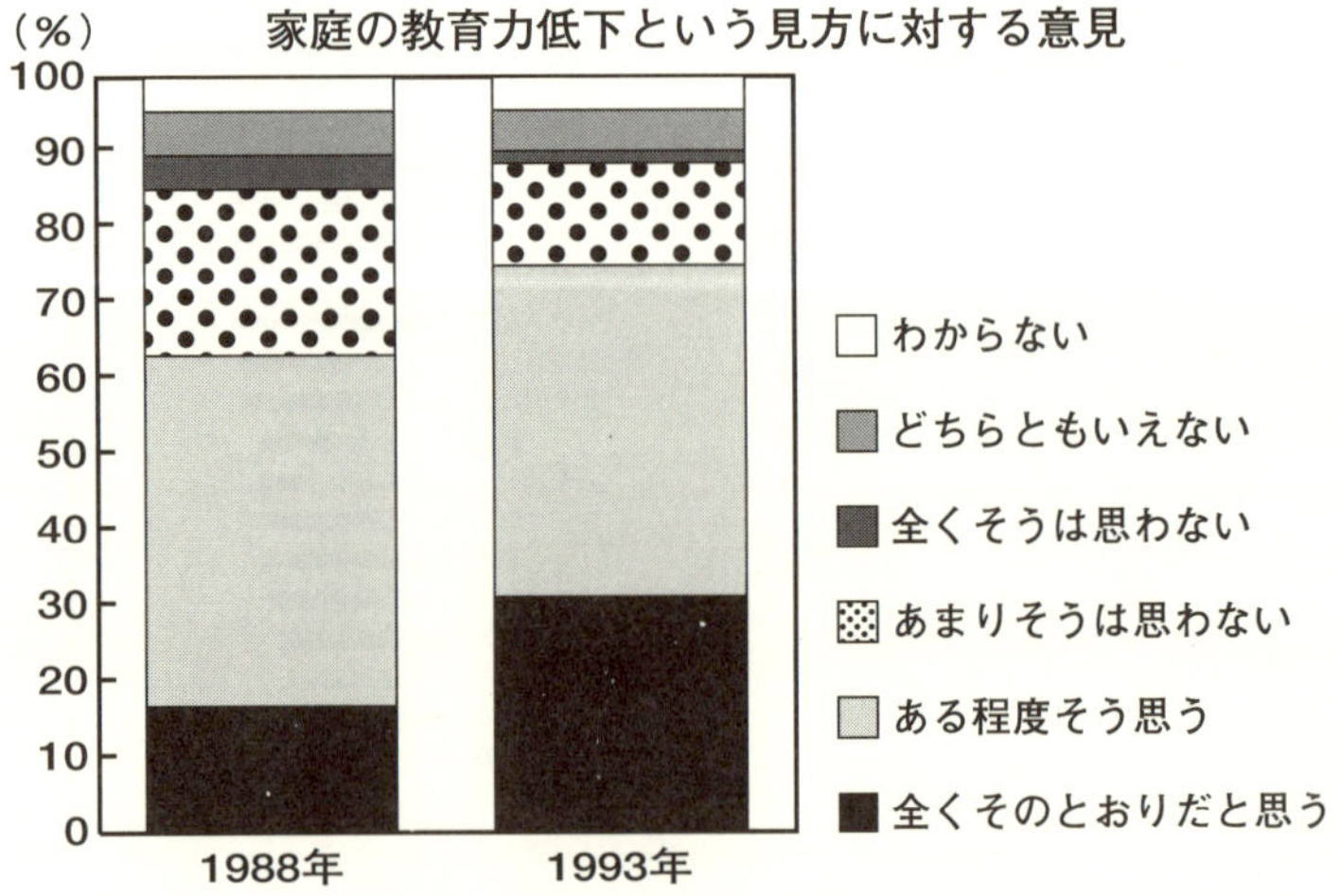


（総理府「青少年と家庭に関する世論調査」1993年、
総理府「家庭と地域の教育力に関する世論調査」1988年）

た学級崩壊現象、改善されない不登校（平成一四年度調査では、十数年ぶりに減少に転じたが）、立て続けに起こる凶悪な少年犯罪、子育てを放棄した親、最近頻繁に報道されるようになった教師の不祥事……教育をめぐる環境は一向によくならない。「このような状況において、学校教育が良好に行われているはずはない」というのが大多数の国民の意識ではないだろうか。

今日の教育改革は、時代の変化への対応だけでなく、学校教育への不信を背景としている。学校教育不信の圧力は、国立大学法人化、義務教育費国庫負担法の議論に象徴的なように、文部科学省をも守旧派と見立て、既存の教育制度を民間活力の活用や自由競争の活性化により、新しいものに変えようとしている。

## ❷ 新自由主義改革とは

現在の改革は、英米と共通して新自由主義改革と称されている。国家の関与を限定的に認めながら、自由競争を促進することにより全体の底上げを目指すものである。英国では一九八八年法以降、ナショナルカリキュラムを設定し、親の学校選択のための情報提供として学校別の成績一覧表が公表されるようになった。米国では連邦政府審議会が一九八六年に「危機に立つ国家」を報告して以降、教育への国家の関与を強め、州レベルでの教育内容基準を定め、その到達度を評価する学力テストの実施を推進している。二〇〇一年にブッシュ政権が成立した際には、その方針をいっそう徹底した法律「ノー・チャイルド・レフト・ビハインド（すべての子どもが落ちこぼれないように）」法が成立し、現在すべての州が学力テストを実施している。

英米の改革は、学力テストの結果を公表するという外圧により学校を改革することを意図している。筆者が米国に滞在した二〇〇三年の半年間、耳にしたり新聞の紙面で目にした学力テストの評価は芳しいものでなかった。

ノー・チャイルド・レフト・ビハインド法は、ブッシュ大統領がテキサス州知事をつとめていたころの教育改革の成功が背景として存在している。テキサス州では、一九八〇年代より教師に学力テストを課し、その後生徒にも州レベルの学力テストを課してきた。州学力テストは、七割正解で合格となるが、改革の進行に伴いテストの成績が急激に向上しており、一九九四年から二〇〇〇年の間に数学の州学力テスト合格率が、黒人系生徒とヒスパニック系生徒ともに四割から八割へ上昇している。この改革の成功は「テキサス・ミラクル」と呼ばれており、特にブッシュ大統領が大統領選の際に紹介したこともあって全米に知られることとなった。

ノー・チャイルド・レフト・ビハインド法は、いわばテキサス・ミラクルを全米に広げようとしたものである。ところが、私が米国に滞在している間、新聞で散見したこの法律による学力テスト施策については否定的な文脈のものが多かった。すなわち、州の基準を満たさなかった学校が高い割合で存在し続けており、学力向上という本来の目的が達成されていないという批判である。テキサス・ミラクルについても、合格率の上昇は、テストの合格水準を低くしたためであるとか、成績の芳しくない生徒が統計から消えたためであるとか、マイノリティの子弟に不合格者が多く、新たな不平等を生み出しているなどの批判が展開されている。

米国の現状は、テストの成績という外圧によって学校が変わるという予測が楽観的にすぎることを示唆している。この現象を、英米に追随するかたちで学校評価、学力テストを実施しつつある日本の教育行政は無視してはならない。

## ③　三すくみの教育改革

現在進行している教育改革は、既存の学校教育への不信を内包しているものの、既存の学校教育すべてを否定しているわけではない。それにもかかわらず、マスコミで報道される学校教育の不祥事や学力低下論などの教育現場への攻撃のなかには、既存の学校教育を根本的に変えるべきとのメッセージが含まれていることもある。また、文部科学省の担当者の意見を聞くと、学校現場に対する不信を感じることもある。そして、さまざまな方向から不信の目を向けられている学校現場の教師の多くは改革に対する不満を吐露しており、その矛先は文部科学省に向けられている。

今や、皆が他人の責任を追及する状況となっている。そして、その批判は的はずれであるか、たとえ正鵠を射たものであっても、批判の対象者はそれを受け入れる余裕（時間的にも精神的にも）がない。

## はずれている文部科学省批判

たとえば、文部科学省に対して、「自らの自己保身のために教育改革を推進しているのではないか」との批判がある。この批判は見当違いであるとしか言いようがない。仮に自己保身のための改革案を策定したとすれば、その性格を看破した世論からすさまじい批判を浴びることとなろう。文部科学省の担当課は現下の教育課題を解決するための観点から改革案を構想している。

また、主に学校現場の教師において、平成一四年の「学びのすすめ」を文部科学省の方針転換ととらえ、「方針転換は困る」という批判がある。文部科学省においては方針転換ではないと説明しているものの、新聞やテレビ等マスコミでは方針転換したと報道しているため、そのような受け取り方が出てくるのは避けられないであろう。ゆとり教育の方針の延長線上に位置づく新しい学習指導要領に対応すべく準備を進めている教育現場にとって、方針転換の報道は、準備の方向性の修正を余儀なくされるように受け取られたものと思われる。しかし、「学びのすすめ」を文部科学省が公表しなかったら、やはりマスコミを中心に展開されていた学力が低下しているのではないかという国民の不安感に文部科学省は応えていないと批判されたであろう。そのような判断のもとに、あのアピールは公表されたものと思われる。学習指導要領の不断の見直しに関する方針も同様の問題が内包されている。

文部科学省が推進する教育改革を熱心に批判する教師に対し、筆者が「今の改革は地方分権の方向性も含めているから、その方向性をさらに進め、文部科学省を解体したらよいと言うことでしょうか」と尋ねたら、「それは困る」との回答が返ってきた。「文部科学省が学校現場をしっかりと守ってほしいのだ。現状が頼りないから苦言を呈しているのだ。」――このような意識は、多くの学校関係者に見られるのではないか。そうでなければ、義務教育費国庫負担制度改正論議の際にあれほど反対の声が出たことの理由がつかない。

教師のなかには「金だけ出して現場を拘束しないでほしい」との意見もある。不可能である。国民の税金を使用する以上、国民が納得できるルール（法制度）を策定し、交付された予算の使途をチェックしなくてはならない。

「文部科学省は現場を知らない」という批判がある。この批判は当たっている部分もある。文部科学省の担当者は施策立案の際に地方の教育関係者の声を聞かないことはない。しかし、文部科学省と親しい地方教育関係者はオブラートに包んで話す傾向があり、筆者が直接耳にする現場の声と文部科学省の担当者が耳にする現場の声には隔たりがあるようである。また、現在の文教施策の立案過程ではさまざまな関係機関との調整を避けることはできず、その過程で現場の状況への洞察が希薄化する傾向も否定できない。そうであるからこそ、文部科学省の担当者が自ら地方に出向いて現場を知るべきであるとの批判もあろう。しかし、現状の人員配置においてはそのような余裕はない。

## 教師は多忙なのか

文部科学省の担当者においては、「今は皆が厳しい世の中になっているのだから、教師だけが楽をするわけにはいかない」という意識がある（前節の「現場を知らない」批判の裏返しとなるわけだが）。近年は夜遅く帰宅するようになった教師が増えているようであるが、民間サラリーマンにおいてはもっと厳しい現状がある。文部科学省職員においては、終電後まで勤務している職員が多数いる。筆者も、文部省勤めをしているころは終電の時間が勤務終了の目安だった。教育改革国民会議事務局の際はタクシー帰りが当然で、一〇時に職場を出た時には、居酒屋が開いている時間に帰れると喜んだものである。世の中の変動に対応するために現在の業務の増加は不可避であると考えて取り組んでいる人が多いなかで、教師がいかに多忙感を訴

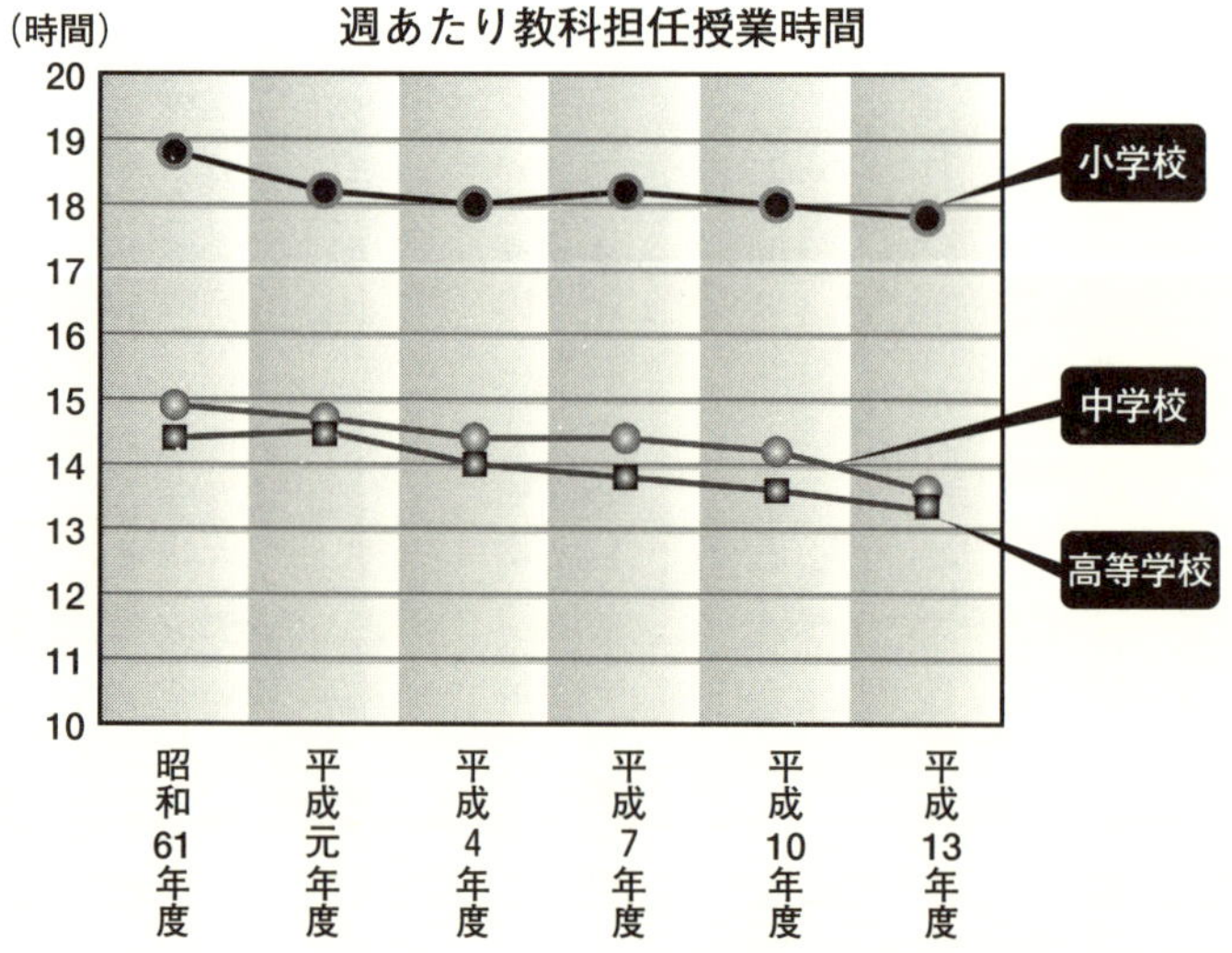


（文部科学省「学校教員統計調査報告書」）

4〜5年前と比べた多忙化の状況

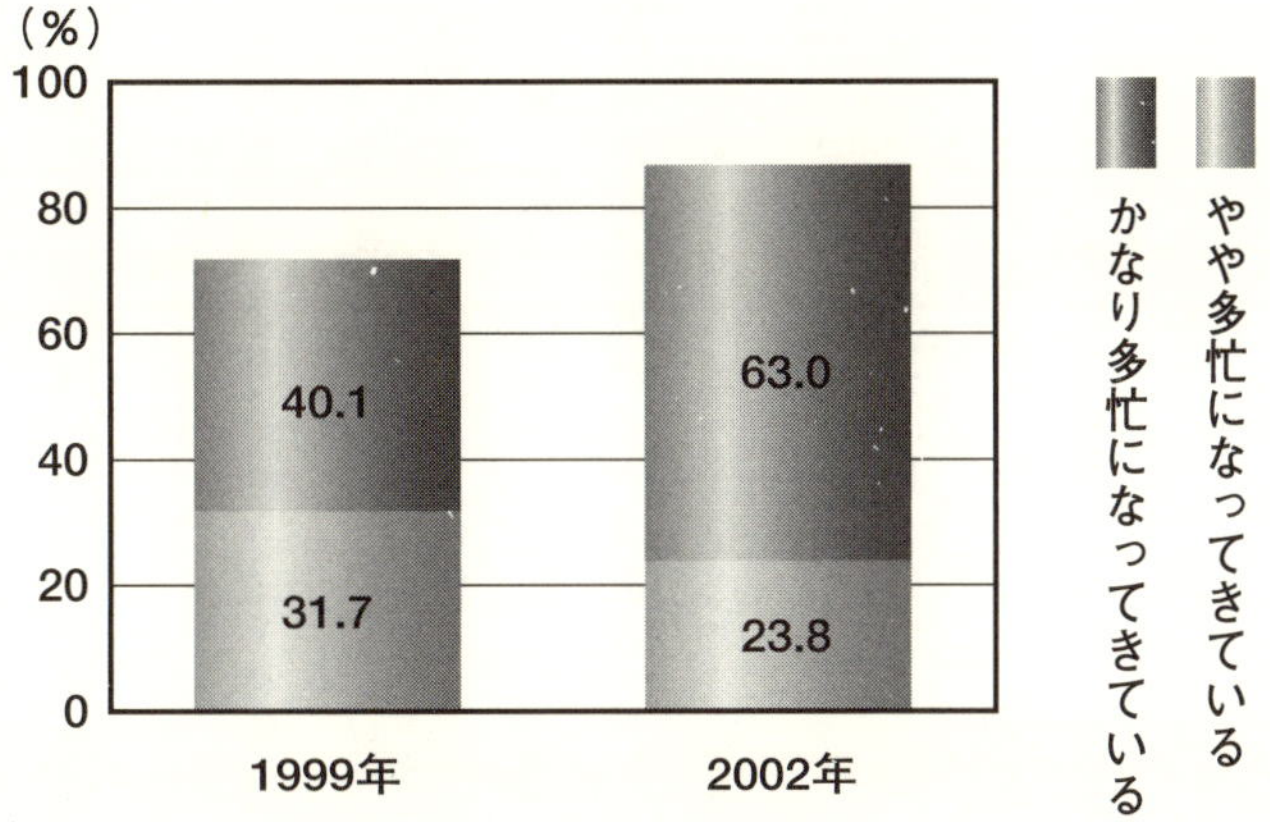


教師の在校時間

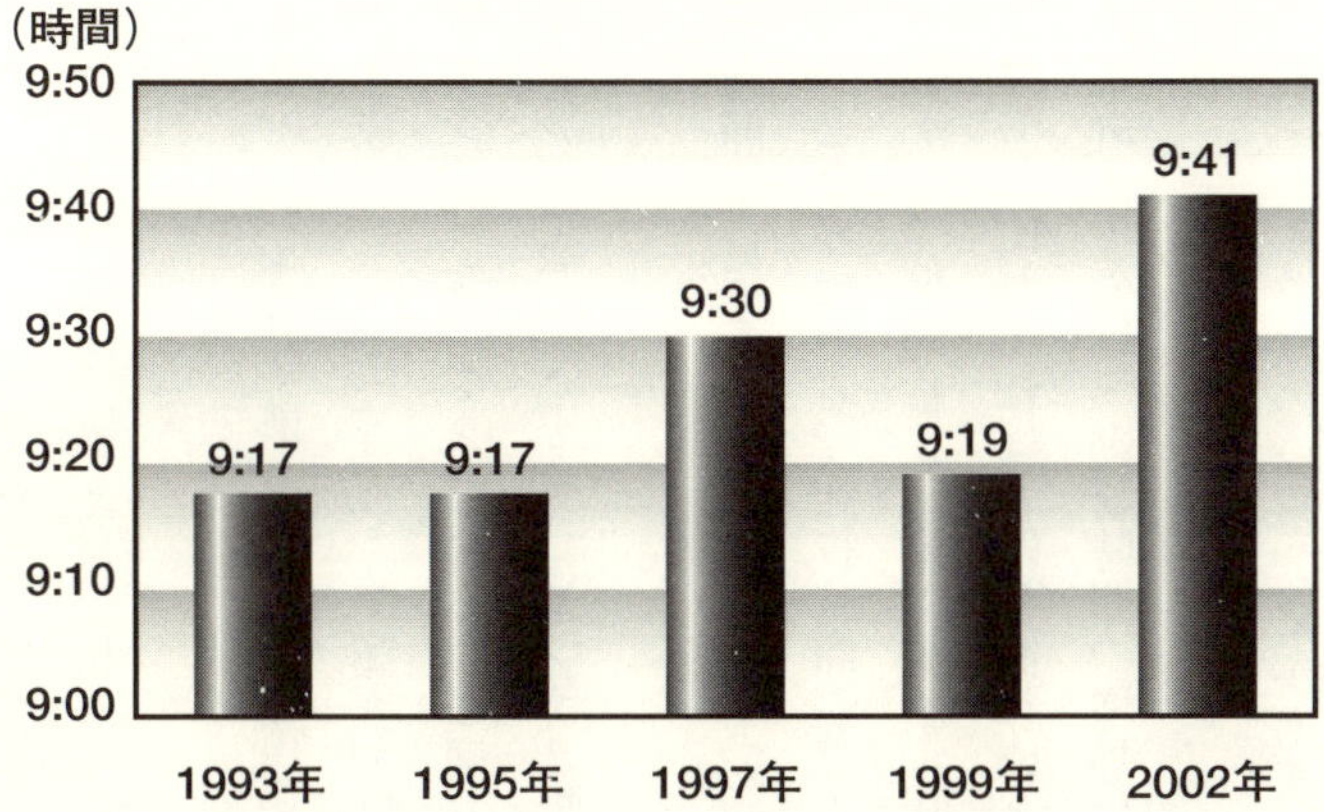


(日本教職員組合「職場点検月間全国実態調査報告書」)

えても教師の自己本位的な性格によるものだろうと思われるだけである。

教師の勤務状況に関する客観的なデータとしては、文部科学省による学校教員統計調査と日本教職員組合による職場点検月間全国実態調査がある。学校教員統計調査によると、昭和六一年度の調査以降、一貫して教科担任の授業時数は減少し続けている。

日本教職員組合が組合員の教師を対象とした調査によると、「四～五年前と比べた多忙化の状況」について「かなり多忙になってきている」と回答したのが平成一一（一九九九）年調査では四〇・一%、平成一四（二〇〇二）年調査では六三・〇%、「やや多忙になってきている」と回答したのが平成一一年調査では三一・七%、一四年調査では二三・八%となっている。この調査結果から、教師の多忙感が増しているのは事実であるといえる。

教師たちの多忙感の原因はなんであろうか。まず、在校時間を見てみると、平成五（一九九三）年は九時間一七分、平成一四（二〇〇二）年は九時間四一分となっている。在校時間が長くなっているのだから、教師たちは楽になっているわけではない。しかし、平均して出校時間が八時三分で退校時間が一七時四五分という勤務状況は、民間サラリーマンと比較すればさほど忙しいとはいえないはずである。それでも多くの教師が多忙になっていると訴えるのは、勤務時間の増加以外に何か原因があるはずである。日教組の平成一一年調査によると「会議が増えている」が五三・七%でもっとも多く、次いで「研修が増えている」四八・六%、「一人あたりの校務分掌が増えている」四七・〇%、「生徒の生活指導が増えている」四六・六%となっている。平成一四年調査では「学校週五日制の全面実施への移行」が六九・四％ともっとも多く、次いで「会議が増えている」三四・一％、「研修が増えている」三四・一％、「一人あたりの校務分掌が増えている」二九・八％となっている。すなわち、教師の本務である授業の担当時数は減っているものの、それ以外の会議や校務分掌、研修等の時数が増えて多忙感が増していると解釈できる。また、平成一四年度からの完全学校週五日制により、かつては土曜日に行っていた授業の準備等を月曜から金曜の間に行わなければならなくなったということで多忙になったと訴える教師は多い。

このような教師の意識を民間サラリーマンが聞いた場合、「甘えている」と感想を漏らすであろう。いろいろ雑務が増えているにもかかわらず、平均して夕刻六時前には職場を離れることができるのは恵まれた環境である。ましてや、教職調整手当てによって一般公務員よりも優遇されているのであれば、少々余計に働いてもいいはずと思う国民は多いであろう。

教師たちが考える多忙化解消策としては、日教組調査（平成一四年）によると「教職員の定員増」八六・八％、「学級定員の縮小」五六・七％、「持ち時間の削減」四六・九％となっている。この数値を教育行政関係者に提示すると、やはり「甘えるな！」という反応が返ってくる。学校基本調査によると、戦後一貫して教師一人あたりの児童・生徒数は縮小し続けている。一学級あたりの児童生徒数も減少し続けている。持ち時間が減少している状況は前出のとおりである。行政関係者として、一貫して学校教育の条件を改善し続けているにもかかわらず、さらなる条件改善を要求されるのならば、「いったいどこまで改善したならば満足するのか」と疑問を感じても不思議ではない。

1学級あたり児童生徒数

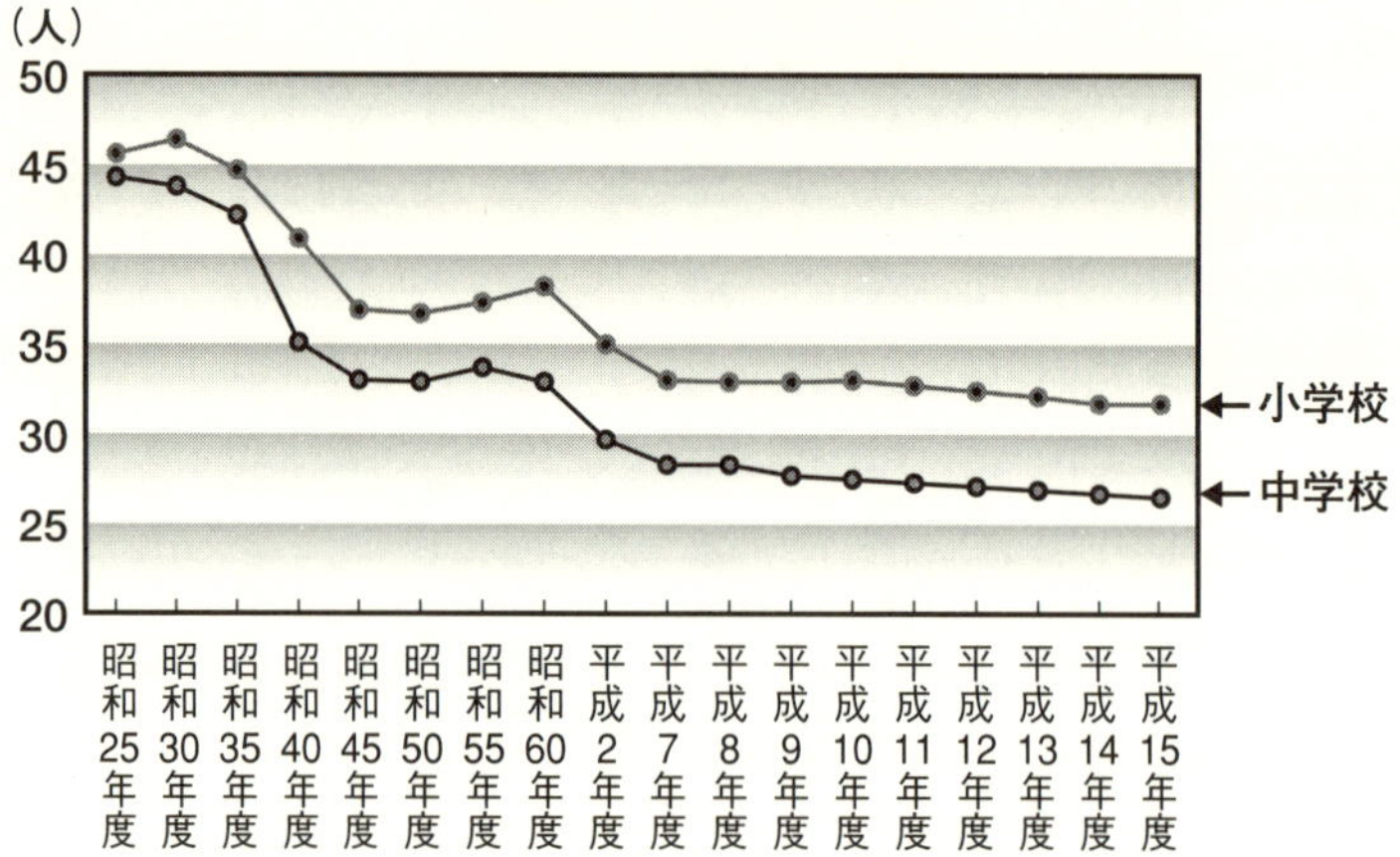


教員一人あたり児童生徒数

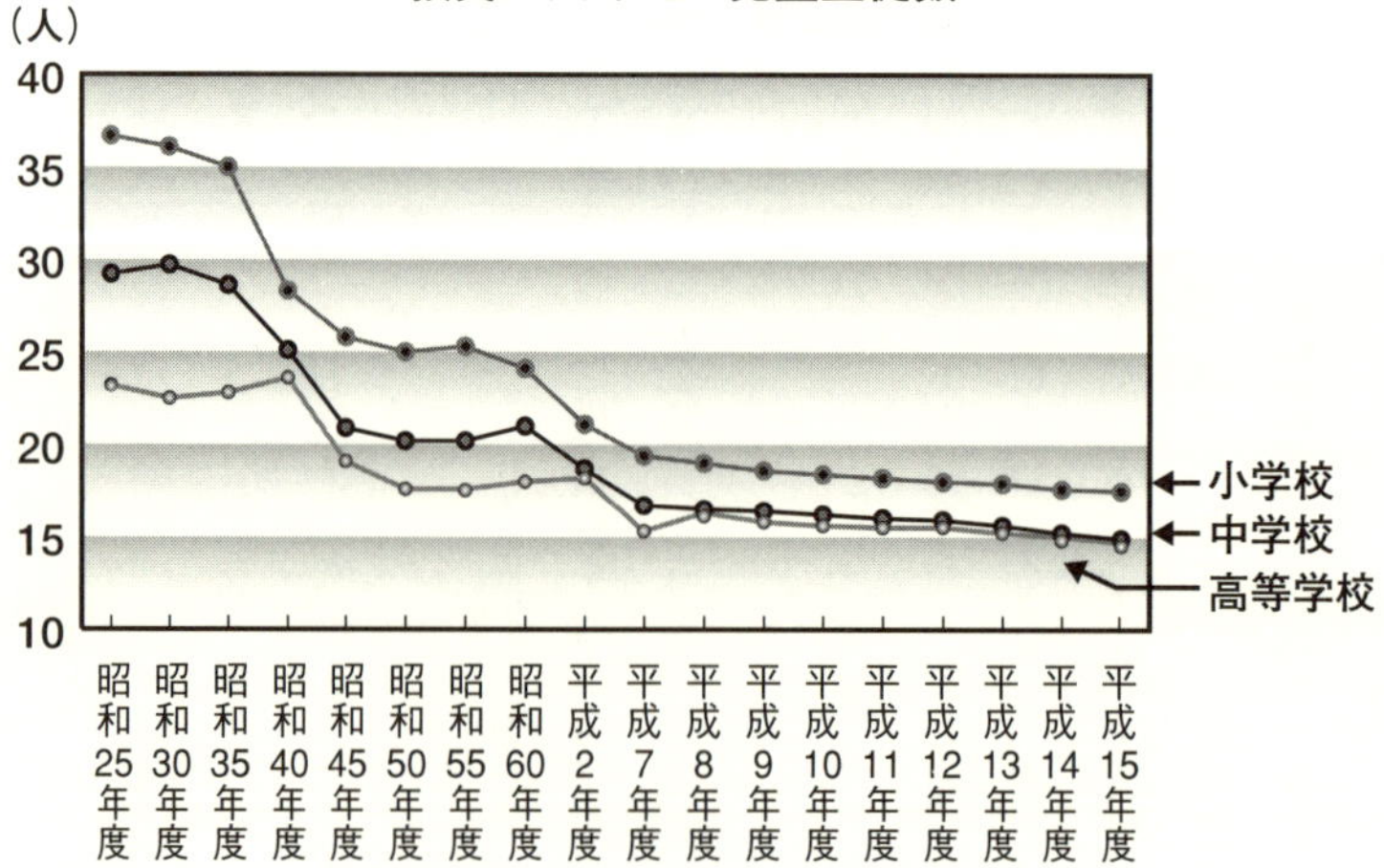


（文部科学省「学校基本調査報告書」）

筆者が接する教師のなかには、帰宅が夜一〇時を過ぎる教師もいる。部活動の指導を行い、それから学校の校務分掌や授業の準備等をすませて帰ると夜遅くなるのである。生徒指導のために夜の繁華街を見回り、さらに帰宅が遅くなる教師もいる。しかし、そのように多忙を訴える教師に同じ学校の他の教師の勤務状況を尋ねると、早く帰っている教師もたくさんいるという回答が返ってくる。夏季休暇を課業日にとる教師、休息休憩時間を勤務時間の最後にとり、事実上早退する教師なども、いまだにいると嘆く校長がいる。

筆者がこれまで聴取した教師の勤務実態は、平均的にやや忙しくなっている状況のなか、一部のまじめで熱心な教師において過酷ともいえる状況が見られる。そのような話を民間企業のかたや行政官に話すと、「それは勤務の割り振りの問題であって、校長が適切に勤務を校内の教師に割り振れば、さほどの忙しさにならないはずである」という見解が返ってくる。

教師の多忙は、国民にも、行政官にも理解されない。むしろ、教師が多忙を訴えるほどに、国民や教育行政官からは教師への不信の視線が強くなっている。

それでは、教師に対して「教師の勤務実態はまだ多忙状況とは言えないから、もっと働け」と言ったり、「皆が忙しい世の中なのだから、現在の改革に我慢して取り組め」と言うことが効果があるのであろうか。改革に前向きに取り組まない教師や学校は、外部評価機関や教育委員会による厳しいチェックを受けることにより、意識を変えるのであろうか。筆者がこれまで収集した声のなかには、外圧に対する不満はあっても、外圧によりモティベーションを高めている教師はほとんどいない。

## マスコミの教育批判は正しいのか

マスコミの教育批判も学校に同様の影響を与えている。一部の不祥事を起こした教師や勤務態度に問題のあった教師の事例を取り上げて、学校教育の現場全体が問題を内包しているかのごとき報道を繰り返している。現在の学校には変えなくてはならない体質も確かにある。自らの権利ばかりを主張する教師はいるし、そのような教師は部活動の指導も拒否し、校務分掌も拒否し、勤務時間終了とともに帰宅している。「問題教員を排除しようとも、鉄の首輪で守られているため（教員の身分保障のこと）、どうしようもできない」とこぼす校長もいる。しかし、教師の多くが問題を抱えているかのごとき報道に対して、多くの良心的な教師は「われわれのつらい気持ちは世間にわかってもらえない」といっそうの殻にこもるばかりである。

大部分の教師は、基本的に良心的な、教育に熱心な教師である。そのような教師たちが、外部からの変革の圧力を感じるなかで、救いを求めている。救いを求める気持ちは、時に辛辣に行政批判となって表れる。以上のような状況を図に示すと、次ページのようになる。

すなわち、文部科学省、学校現場、マスコミの三者が互いを批判しながら、批判される側は「的を射ていない」と無視し、本質的には何も変わっていないのが、現状である。なお、この構図の中で、教育委員会の位置づけは微妙に変化している。以前は文部科学省と一体となって学校現場を指

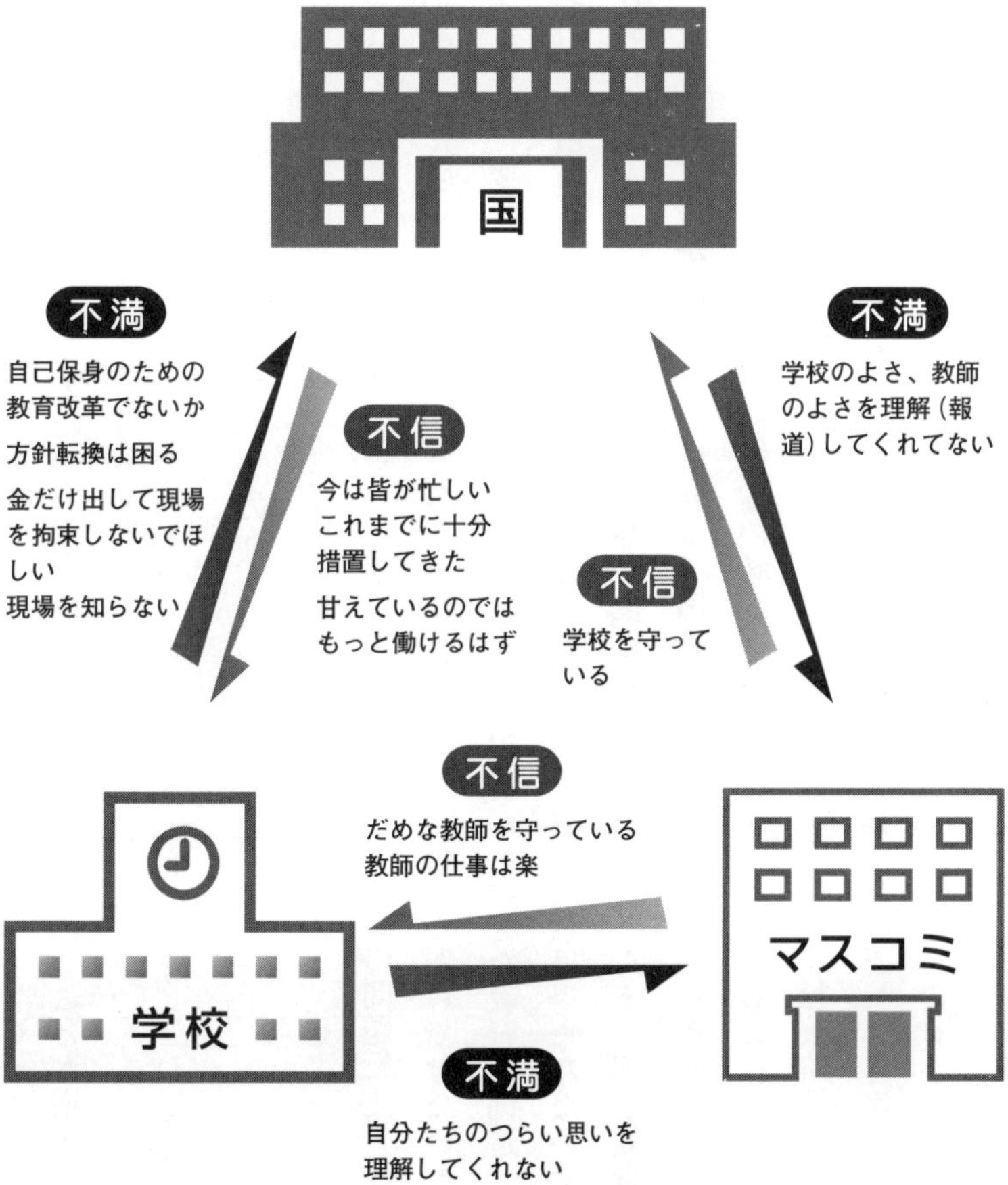
国
不満
自己保身のための
教育改革でないか
方針転換は困る
金だけ出して現場
を拘束しないでほ
しい
現場を知らない
不信
今は皆が忙しい
これまでに十分
措置してきた
甘えているのでは
もっと働けるはず
不満
学校のよさ、教師
のよさを理解（報
道）してくれてない
不信
学校を守って
いる
不信
だめな教師を守っている
教師の仕事は楽
学校
マスコミ
不満
自分たちのつらい思いを
理解してくれない

導する役割を担っていた。現在でも基本的にそのような意識の指導主事が大部分であるものの、近年筆者が指導主事にインタビューするなかで、文部科学省批判が含まれることが増えてきた。どちらかというと、学校現場の意識に近い指導主事が増えている。

## 新自由主義改革批判は正鵠を射ているのか

このような新自由主義改革について、改革の方向性そのものがまちがえているとの批判もある。批判の一つは、「何も変える必要はない」というものである。子どもの問題行動の発生や家庭教育の変化は先進国で共通に見られる現象であり、教育制度に問題があるからではないという見解である。この論旨には、変わりつつある家庭教育や子どもの現状に合わせた教育を創造しようという姿勢が感じられず、改革への批判とはなりうるであろうが、世論の同意は得られないであろう。

また、現在の新自由主義改革の中で国の関与が後退していることをとらえ、国が教育の責務を放棄していると批判するものがある。この批判は、旧来の文部科学行政を復活させるべきといっているわけではなく、国家レベルの教育条件整備の必要性は認めながら、国の教育行政のありかたを変革し、「新しい公共性」を創る必要があるとしている。この論は、現在の行政機構や議会制民主主義の構造の変革まで意図しているものであるにもかかわらず、具体性に乏しい提案となっている。

## ④新自由主義とニューパブリックマネジメントに揺さぶられる教育行政

新自由主義改革の圧力は、過度の外部評価を学校教育に強要すると同時に、行政システムに民間企業の手法を取り入れるニューパブリックマネジメントの導入を学校教育に求めている。

教育改革国民会議が「学校に組織マネジメントの発想を導入し、校長が独自性とリーダーシップを発揮できるようにする。組織マネジメントの発想が必要なのは、学校だけでなく、教育行政機関も同様である。」と提言したのは、従来の学校経営、教育経営とは異なる民間企業における経営理念、手法、成功事例などを公共部門に適用することを意図していた。ニューパブリックマネジメントは、競争原理、業績評価等を通じ、行政の意識を、法令や予算の遵守にとどまらず、より効率的で質の高い行政サービスの提供へと向かわせ、行政活動の透明性や説明責任を高め、国民の満足度を向上させることを目指している。

ニューパブリックマネジメントの潮流は、学校現場では民間人校長の採用、マネジメント研修の実施というかたちで押し寄せ、教育行政の現場では、行政組織のフラット化、ＩＳＯ等の外部評価システムの導入、ＰＦＩ方式の導入などを取り入れる都道府県が少しずつ拡大しつつある。

## 岐路に立つ教育センター

そのような潮流の中、公立学校教員に研修の機会を提供することになっている日本の教育センターは、現在、大きな岐路に立っている。

教育センターの業務が変容している要因の一つは、教育委員会の多忙化である。近年の教育委員会は、教育改革の推進に伴い、新規事業を多数立ち上げており、そのほかに議会や県民市民の対応等で多忙化の傾向にある。そのため、従来教育委員会事務局が担当していた業務の一部を教育センターに移管する動きが出ている。多忙化の波が教育委員会から教育センターへ移っているようなものである。教育センターは、教育委員会から移管された業務に加え、財政部局からの予算削減の圧力に抗すべく新たな業務を開始している。

日本の教育センターの多くは、研究を目的として早くは昭和二〇年代に設立され、その後研修業務を追加してその組織を維持・拡大してきた。近年は教育委員会が担っていた業務も教育センターに移管され、業務を拡大しているにもかかわらず、その存在意義が問われつつある。

## 明示的な説明の難しさ

教育センターの存在意義を明瞭に説明することは難しい。本書が前提とする教師の力量が暗黙知で構成されているという考えからすると、教育センターが果たしてきた役割と教師の力量形成との関係も明瞭に説明はできない（現実に、予算担当部局に提出する説明資料に苦慮する教育センターは多い）。教育センターが研究成果物として刊行している紀要や各種指導資料については、配布された冊子が学校現場に普及しているかどうかを調査することはできるであろうが、それに掲載されている研究成果が各学校の教育活動にどのように寄与しているかを調査、分析することは困難である。そのため、予算削減の圧力は特に教育センターの研究費に厳しくなってくる。近年の教育センターの運営費削減は五〜一〇％程度であるものの、研究予算に関しては四〇％とか五〇％削減された教育センターが存在している。

かくして、近年の教育センターは、財政部局に対して比較的明瞭に説明できる業務に力点を置く傾向にある。

研修の成果は、受講者アンケートでの満足度の高さや、受講希望者の多さを示すことにより、その存在意義を説明できる。全国教育研究所連盟が平成一六年度に実施した調査によると、都道府県・政令指定都市立の教育センターの九割以上が受講者アンケートを実施している。受講者アンケートだけでは測りにくい研修の成果を測るため、受講者の所属長に成果を尋ねたり、受講の一定期間（三か月〜半年後）後に再度研修の意義を問う追跡調査を実施する機関は、それぞれ約二割となっている。

また、近年は多くの教育センターが学校のカリキュラム開発を支援すべく、センター内に「カリキュラムセンター」「カリキュラム開発支援センター」「学校支援センター」等の名称の部署を開設している。教育センターによって設置形態が異なるものの、その多くが相談窓口要員としての職員を配置し、各学校におけるカリキュラム開発を支援するための相談にいつでも応じることができるようにしている。教育センターは定員を増やすことはできないため、相談窓口の職員は既存の部署の職員が兼任で行っている。これらの新設部署では多くの教師が相談に集まっており、教育センターの必要性を示すものとなっている。

さらに、教育センター職員が校内研修の指導等に出かける「出前講座」の事例が増えている。出前講座を希望する学校の多さにより、指導に出かける教育センター職員の存在意義を説明できる。ある市の教育センターは、学校の要請に応じて可能な限り職員を派遣するようにした結果、年間三〇〇件以上も出前講座を行うこととなった。

従来、教育センター職員は研究室単位で一年かけてじっくり研究に取り組み、その成果を発表していた。近年は研究組織も改編され、所員は所属室をまたがって編成されたプロジェクト研究に複数かかわることになっている教育センターもある。限定された研究に長期間取り組む研究体制から、複数の課題に短期的に取り組む研究体制に変容しつつある。

このように業務内容が変容しつつある教育センターで、多くの職員は研究に従事できる時間が削られている。かつての教育センターは、センターにおける研究の成果が直接学校で活用される場面は少なくとも、各学校が研究を推進するための指導者が教育センターから派遣されたり、教育センターで長年研究に従事した職員が学校に戻って校内研究の核となったりしており、教育センターは国立大学附属学校とともに地域の人材養成の核となっていた。その役割はまだ維持されているものの、明示的に説明が可能な業務に追われ、本人の力量を向上させる機会が少なくなりつつある。避けがたい教育改革の波にぶつかり、力量向上の機会を失いつつある教師――この現象は、今日の教育改革における根本的な大きな問題である。日本を含め、先進諸国が教育改革に取り組んでいる大きな動機は、教育の質の低下への危惧であり、その解決の鍵を握るのは教師であるという認識も一致している。教育改革が目指す具体像は有能な教師の育成にあるといってもよい。それにもかかわらず、教育改革の進展に伴い、意欲を失い、旧来実施してきた力量向上の機会を失うことになっているとは、なんたる皮肉であろうか。

## 教育の不易と流行

新自由主義改革やニューパブリックマネジメントは、時代の変化への対応という文脈において必要な戦略である。しかし、臨時教育審議会の際にも意識された「不易と流行」の観点のごとく、流行としての改革が肥大して不易の領域を浸食する状況は避けなくてはならない。教育の不易の世界は、外部者にとって見えにくく、説明しにくい。たとえば、ベテラン教師が研究指定校の研究発表を参観した際に、その学校を評価するのに「子どもがよく鍛えられている」「よく育っている」「よく追究している」などのことばを使用する。そのような評価の眼を持っている教師は、ペーパーテストで評価される知識理解の側面のみが強調される評価観に批判的であるものの、彼らの内なる評価尺度は単純に数値化される評価結果に比べてあいまいで、部外者に理解してもらうことが困難である。平成一二年度から各都道府県・政令指定都市で制度化されている指導力不足教員の評価にしても、その評価基準を明示的に示すことができないために、指導力不足教員としての判定を受けた教師と教育委員会の間で訴訟問題が起きている。教育の不易の部分は、客観的な指標で測定したり評価することが非常に困難なものなのである。

テレビや新聞等で時折報道される教師の不祥事や学校の問題に国民の多くは厳しい批判の目を向ける。それは、学校の隠れたよい部分に気づかないというよりも、それだけ教育への関心が高いゆえととらえるべきであろう。教育への関心が高いものの、学校の隠れたよい部分に視野が及びにくいものであるから、マスコミで報道される負の側面にのみ関心が集中し、学校に厳しい視線を向けることになる。

ところが、子どもや保護者の学校への意識は、意外に好印象となっている。文部科学省やベネッセなどの意識調査では、子どもは学校を「楽しい」と感じ、保護者は学校のことを信頼している結果が出ている。すなわち、個別の学校レベルでは、保護者や児童生徒と学校の信頼関係が構築されている一方で、国全体のレベルでは、国民は学校教育に不信のまなざしを向けているということになる。この現象をどう解釈すべきであろうか。

## 学校生活への満足感

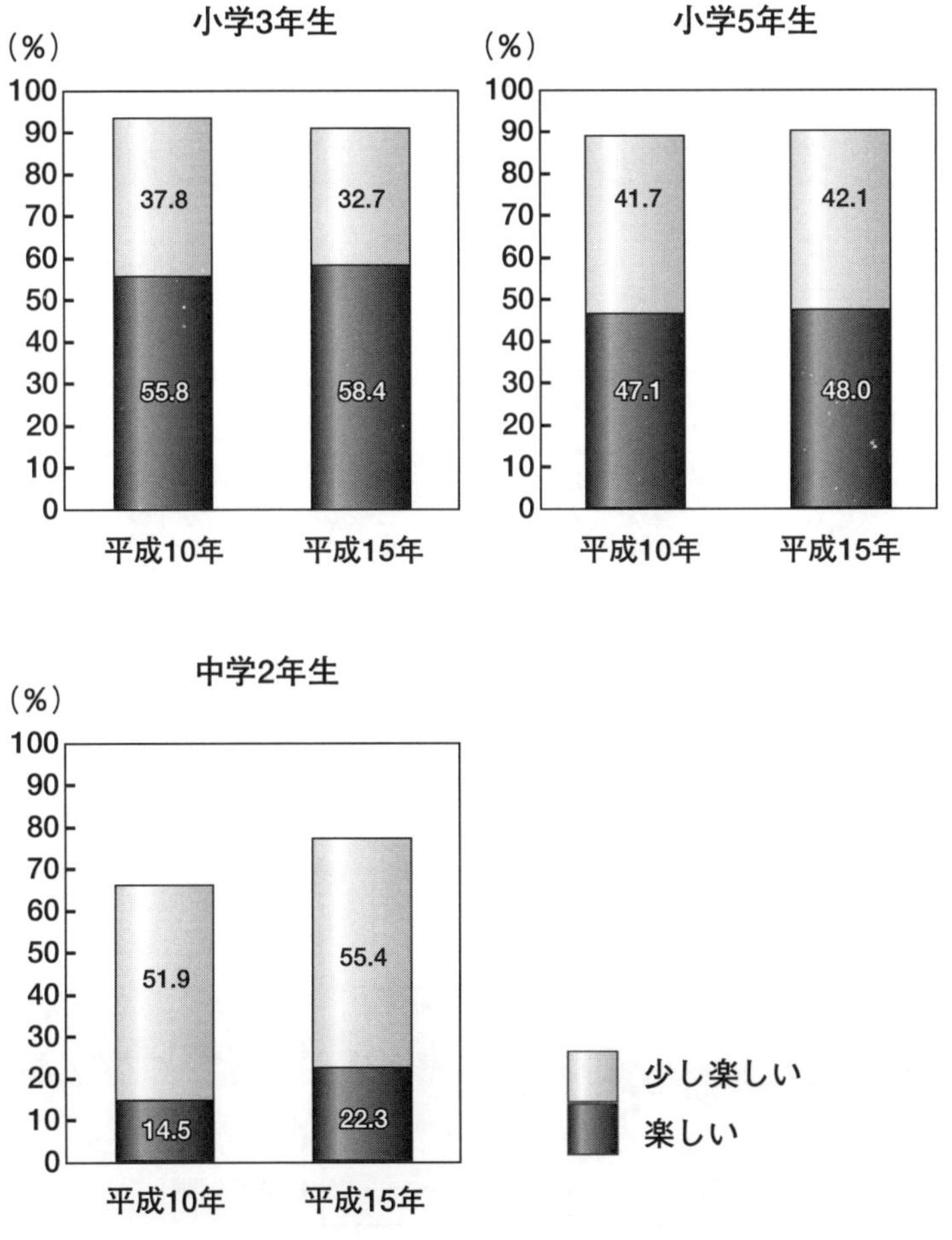


（文部科学省「学校教育に関する意識調査」平成10，15年実施）

## 教育の見えにくい姿

本書の考察は、「日本の教育は、じつは優れている」という想い（仮説）を抱きながら展開している。すなわち、マスコミにおける教育に対するネガティブな報道と子どもや保護者の意識のギャップは、本当は優れている学校教育を、外部者であるマスコミは気づかず、学校を実際に体験している子どもや保護者は気づいていると考えれば説明がつく。

　なぜ、学校の内部と外部で学校の見え方が異なってくるのであろうか。それは、本書が用意した別の枠組み、「暗黙知」により説明が可能となる。暗黙知の説明は第四章以降に詳しく述べるが、要は、教育には「見えやすい姿」と「見えにくい姿」があるということである。

　教師の不祥事や、ペーパーテストの結果や、子どもの不登校などの問題行動は、学校の「見

学校の取り組み（子どもが人間的に成長するのを助けること）への満足度

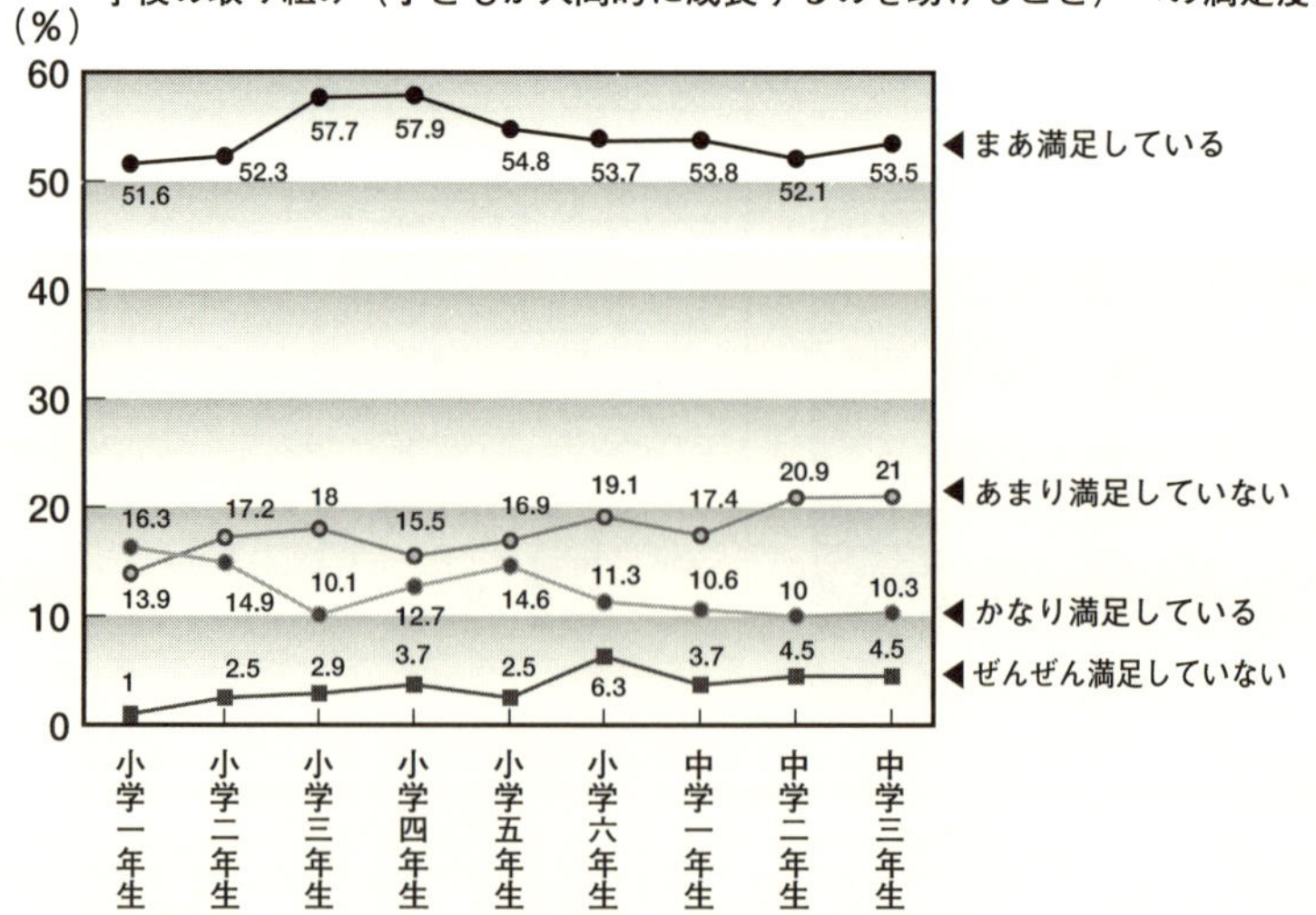


（ベネッセ「第2回子育て生活基本調査報告書」平成14年9月調査）

えやすい姿」である。それは、マスコミの報道により情報が迅速に伝達され、国民の多くが知るところとなる。一方、教師の献身的な努力や子どもが全人的に育っている姿は「見えにくい姿」である。自校の優れた側面に気づいている子どもや保護者は、教師や学校を信頼しているのに、そのような状況をマスコミが報道する機会は少ない。

見えにくい教育の諸相を見る能力を有する教師は、外部から正当な評価を得られずとも、自らのプライドと「子どもを好き」という感情を糧として、自発的な勉強会や読書や教材研究などの自己研鑽につとめている。このパーソナリティは、行政に批判的な教師でも協力的な教師でも（右でも左でも）、共通している。

見えやすい学校の姿、見えにくい学校文化を取り巻く今の改革の圧力（新自由主義とニュー・パブリック・マネジメント）、国民の教育への期待と不信を図示すると次のようになろう。

今の日本の教育は、変えなくてはならないものがある一方、変える必要のないもの、変えてはいけないものが多く存在している。

変えてはいけないものとは、見えにくい学校文化に潜んでいる、教師の献身的なパーソナリティと、それを手助けする教師集団の協働制である。変えなくてはいけないものとは、古いままでよしとする教師の考え方である。次ページの図に示したように、現在の教育を取り巻く状況の源泉には国民の教育への期待があるが、教師はそれに対して被害者意識を持つばかりで、自らの優秀性を示すなど、国民を安心させようとする姿勢（アカウンタビリティー）が足りない。また、教師の自己研鑽の思いに応えるための校内研修や行政研修の体制は形骸化の傾向が見られる。時代の変遷に応じた新しい研修システムを作らなくてはならない時期に来ているのに、その必要性を感じている教師は少ない。
　これらの課題について、次章以下、詳しく解説したい。

学校を取り巻く改革の圧力

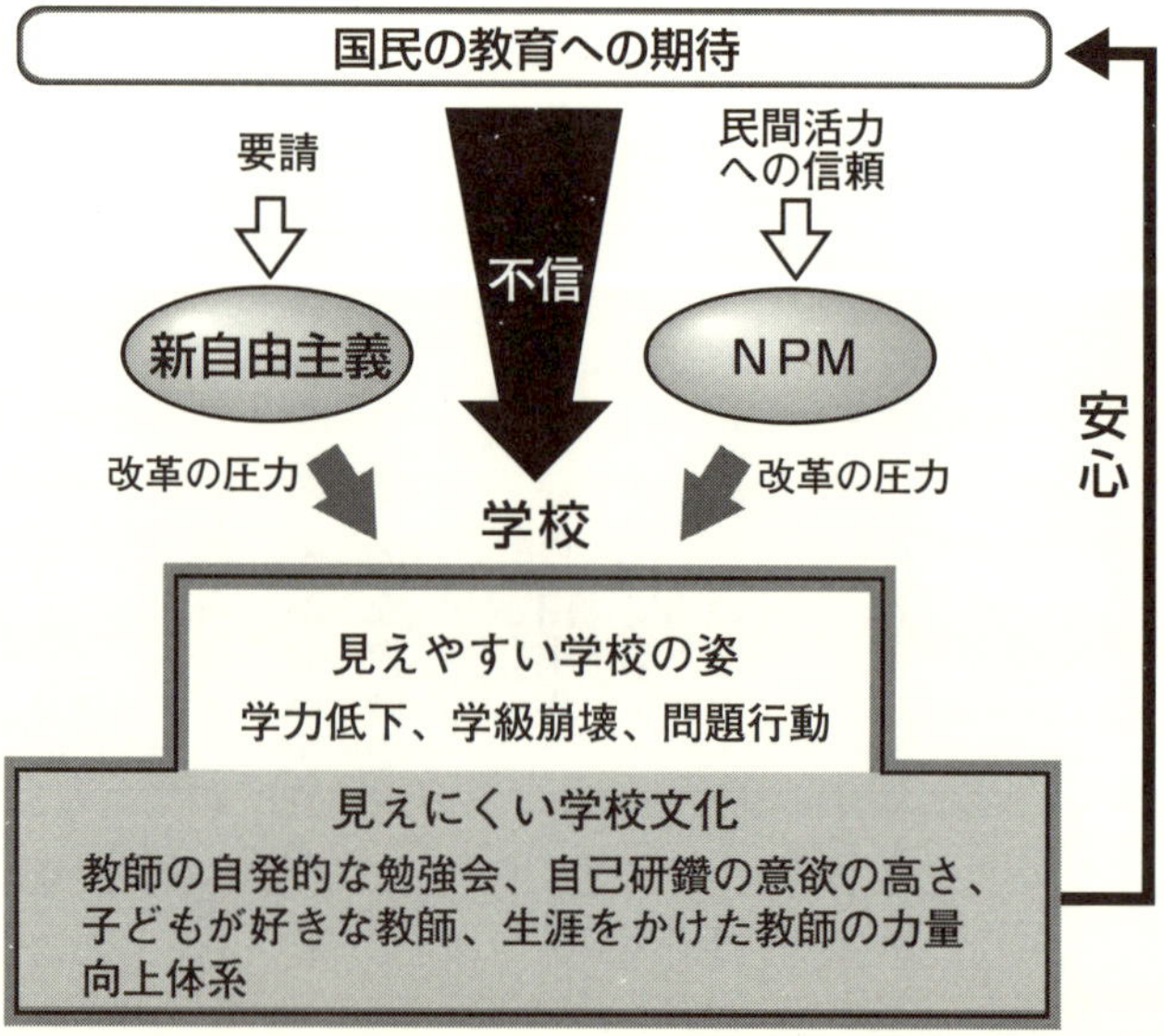

# 第二章　解決の鍵は日本にある——青い鳥は日本にいた

三すくみの教育改革の閉塞状況にあえぐ日本――この状況から脱却する鍵はどこにあるのであろうか。

そのような思いを抱きながら、筆者は平成一五年三月から九月まで、在外研究の機会をいただき、米国ウィスコンシン州に赴いた。ウィスコンシン州は、米国の東北部に位置し、五大湖の一つミシガン湖に隣接している。ビールの街ミルウォーキーを除いては、さほど栄えた街はない。筆者が滞在した州都マジソンは人口二〇万人程度の小さな街である。人口規模の割には治安がよく、教育水準が高いことなどを理由として、長年にわたり全米でもっとも住みやすい都市に選ばれている。また、筆者が在籍したウィスコンシン州立大学マジソン校の教育学部は、これも全米で最高レベルの評価を得ている（第一位はハーバード大とのことだが）。

そのような、全米的にも評価の高い地域における

公教育と、大学および教育委員会が提供する教師教育プログラムに関する資料収集が、主目的である。筆者は、ここ数年、全国の教育センターの活動を視察してきた。多くの教育センターが、センターで実施している研究や研修について、既存のままではいけないと危機感を感じている。彼らに有効な示唆を与えることができるような教師教育プログラムを見つけることができないか、との思いが強かった。

実践的な教師教育プログラムという「青い鳥」を求めて渡米した筆者の半年間の旅は、チルチルとミチルの旅ほどには刺激的なものではなかったが、青い鳥は家にいたという比喩は、そのまま筆者の研究旅行に当てはまってしまった。すなわち、筆者が調査した米国における実践的な教師教育プログラムは、日本発の教師教育プログラムだったのである。その詳細を以下に説明する。

## 1　「危機に立つ国家」以後の米国教育

「常に改革していると言われるものの、ほとんど改善されていない」とのことばを目にすると、それは日本のことだ、と思うかたが多いのではないか。しかし、このことばの主語は日本ではなく、米国教育である。米国では、過去に多くの教育改革が試みられてきた。古くは六〇年代の教育の現代化運動、次いで七〇年代の人間化運動、そして一九八三年「危機に立つ国家」以後のスタンダードに基づく学力テストを重視する運動である。日本では、これらの動向のみが伝えられることが多かったのに対し、米国の教育研究者の多くは、その成果に否定的な見解を持っている。

米国で一九八一年に「教育の優秀性に関する全米審議会」が教育省長官により組織されたとき、米国教育は今日の日本の学力低下論争のように公教育不信の空気がみなぎっていた。国際学力調査の成績は世界平均の前後であり、大学入学資格を判定するための共通テストSATの平均得点は低下していた。高校卒業時点でリテラシーに欠ける生徒が一割以上いるとの調査結果もあった。審議会は、これまでの教育を担ってきた大学への不信と経済界の危機感を反映した委員構成となっていた。一年半の審議の後に出された報告書「危機に立つ国家」は、測定可能な基準（スタンダード）を設け、学力を調査すべきなどの明確な指針をうたい、米国民の支持を得た。

「危機に立つ国家」以後の米国教育改革は順調に進んだわけではない。クリントン政権からブッシュ政権にかけて教育省長官を務めたリチャード・リリーによると、公教育に関する権限を持つ州政府段階の改革は芳しくなかったとのことである。そのため、連邦政府は一九九四年に初等中等教育法を改正し、各州にスタンダードを設けることと、スタンダードに基づく学力テストを実施することを要求した。さらに二〇〇一年に大統領となったブッシュは、学力テストの実施対象学年を拡大する法改正を行い、ノー・チャイルド・レフト・ビハインド（すべての子どもが落ちこぼれないように）法を制定した（リリー 二〇〇二）。

同法の現状は前章第二節で紹介したとおりである。筆者がマジソンでインタビューした教育関係者の大部分がこの法律に批判的であった。しかし、教育関係者以外の話では、それは保守政権に対してリベラルの側は批判的になる傾向があるためであるとの意見や、公教育を変革するためには現在の政策を支持するしかないとの意見もあった。

## ❷ティーチング・ギャップの衝撃

公教育改革のため、テストという外圧により教師および児童生徒の意識を変えようという米国の政策は、いささか行き詰まっているように見受けられる。その閉塞感から、米国の授業を見直すための調査が実施された。

この調査は、国際到達度評価学会（IEA）による国際数学・理科教育動向調査（TIMSS）の一環として、日・米・独の三か国の数学の授業をビデオに収め、その特質を比較分析したものであり、TIMSSビデオスタディと称されている。サンプリングは厳密に行われており、ビデオに収められた授業の質は多岐にわたっている。収集されたビデオを解析した研究者グループは、各国の授業において、教師の力量にかかわらず共通する特質が存在することを発見した。米国研究者は、特に国際学力調査でも優秀な成績をあげている日本の授業の特質に注目した。

通常、日本の授業は教え込みが多く、米国の授業は子どもの主体的な思考が促進されていると思われている。このビデオ調査の結果は、まったく逆であった。中学二年生の数学の授業の中で生徒が主体となっているのは、米国が九%であり、日本は四〇%となっている。日本では解法を生徒に考えさせる授業展開が多いのに対し、米国では教師が解法を示した後に生徒に問題を解くためのドリルを課す授業展開が多い。

　ビデオ調査の報告書は、平成一一（一九九九）年に『ティーチング・ギャップ』（スティグラー　一九九九）の題名で出版された（日本でも湊三郎氏の訳により『日本の算数・数学教育に学べ』との題で平成一四年に出版されている）。調査は三か国を比較したものでありながら、報告書の記述は日本の授業に多くを割いている。子どもに考えさせる日本の授業スタイルを礼賛し、米国では、そのような授業が過去幾度となく提言されながらも、実現してこなかったこと、

数学の授業の中での生徒支配

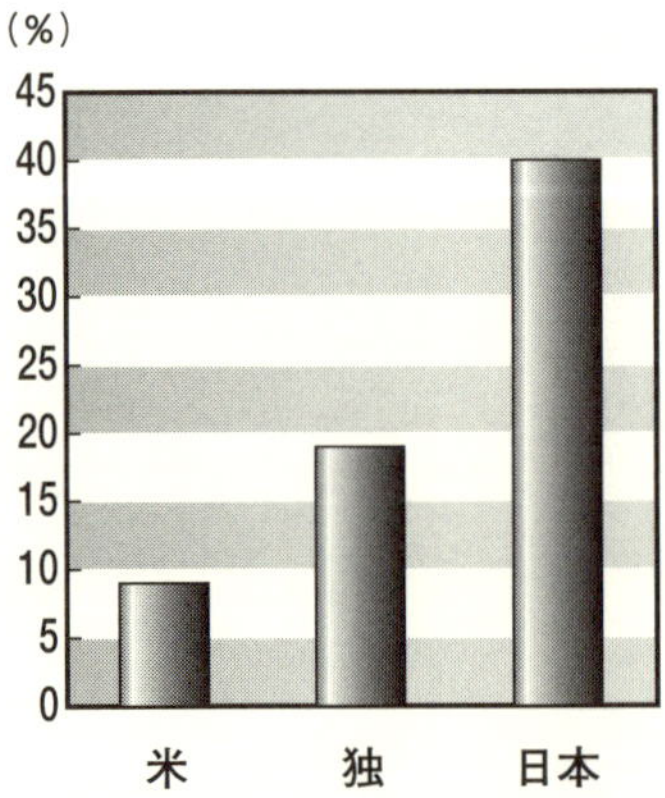


数学の授業方法

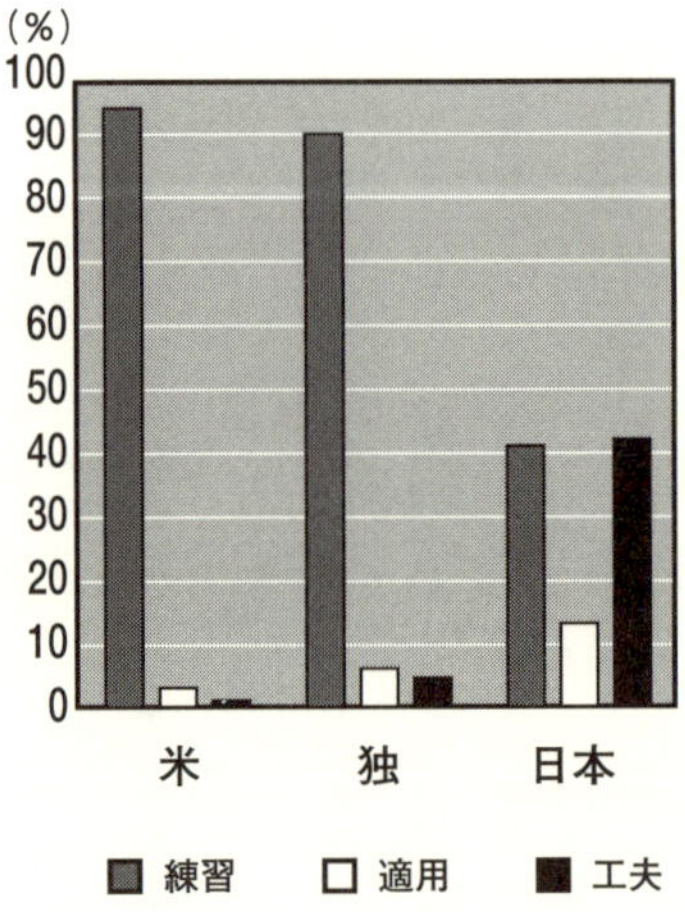


（スティグラー『ティーチング・ギャップ』）

常に改革していると言われるものの、ほとんど改善されていないことを批判している。すなわち、授業を変えるための具体的なアイデアはすでに提言されているにもかかわらず、教師たちが実際にそれを取り入れることができるかどうかが、日米の大きな違いであることを『ティーチング・ギャップ』は説いている。

なぜ日本の教師は高度な授業技術を身につけることができているのか―その回答として同書は、日本の授業研究を取り上げている。日本においては、一人の教師の授業を他の教師に見てもらい、授業後に検討会を開くことが校内研修の主たる手法として定着している。授業を公開する際には、校内で検討してきた指導理論の検証という文脈であったり、単に教師の力量形成のためという文脈であったりするものの、参観するのも批評するのも同僚教師であることが多い。

このような授業研究の文化は、米国ではほとんど見られなかったものである。驚くなかれ、米国では放課後に校内研修を組織することは至難の業である。日本のように教員免許が終身ではない米国において、教師たちは免許更新の条件として各種の研修を受講することが求められており、そのために教育委員会や民間団体が主催する研修を受講したり、大学の授業を受講する教師は多い。これらの研修は、伝達される知識に価値を見いだされており、知識を持つ指導者の存在が必須の条件となっている。知識伝達に主眼をおかない授業研究は、米国教師たちにとって新鮮な研修手法として映っている。

## ❸ 授業研究（レッスン・スタディ）の流行

授業研究が米国内に知られることとなったのは『ティーチング・ギャップ』出版の後であるが、授業研究がブームとなってきたのは、平成一五（二〇〇三）年からととらえてよい。在外研究の手続きを進めていた平成一五年一月に、筆者はウィスコンシンより一通の電子メールを受け取った。メールの文面は、ウィスコンシン大において授業研究に関するシンポジウムを行うので、授業研究についての概略を説明してほしいとのことであった。その段階で、上記の事情を把握していなかった筆者は、日本の授業研究は熱心な教師が年に一・二回実施しているものであり、特別な研修手法でもないし、特異な理論が形成されているわけでもないと回答しておいた。

マジソンに到着直後の平成一五年四月に、シカゴで全米教育学会が開催された。三つのホテルを会場として使用する大規模な学会において、授業研究（レッスン・スタディ）に関する分科会が四つも開催されていることに筆者は驚いた。分科会の各会場は満員であり、多くの米国研究者が授業研究に関心を寄せていることが肌で感じられた。米国における授業研究推進の中心人物であるキャサリン・ルイス氏は、このブームはまだ本格的なものではないものの、昨年に比べるとはるかに多くの研究者が集まっていることを語っていた。

一九九〇年代よりコロンビア大学にて授業研究の研究に取り組んでいるクレア・フェルナンデス

氏によると、米国内で最初に公立学校で授業研究が実施されたのはニュージャージー州のパターソン公立学校である。一九九九年に全米科学財団の補助金によりフェルナンデスを代表とするコロンビア大の研究グループが組織され、大学との連携によりパターソン公立学校は授業研究を実施することとなった。二〇〇〇年には、サンフランシスコ郊外のサンマテオ・フォスターシティ学校区、ワシントン州ベルヴュー学校区、デラウェア州が教員研修の一環に授業研究を取り入れた。二〇〇二年には授業研究を実施する学校等は全米で二五州にまたがり、二〇〇の学校、六〇の学区で一〇〇〇名の教師が授業研究に取り組んでいる。二〇〇三年には、二九州、二四七校、八一学区で一一〇〇名の教師が取り組み、二〇〇四年五月現在でレッスン・スタディを実施している学校や教師は全米三二

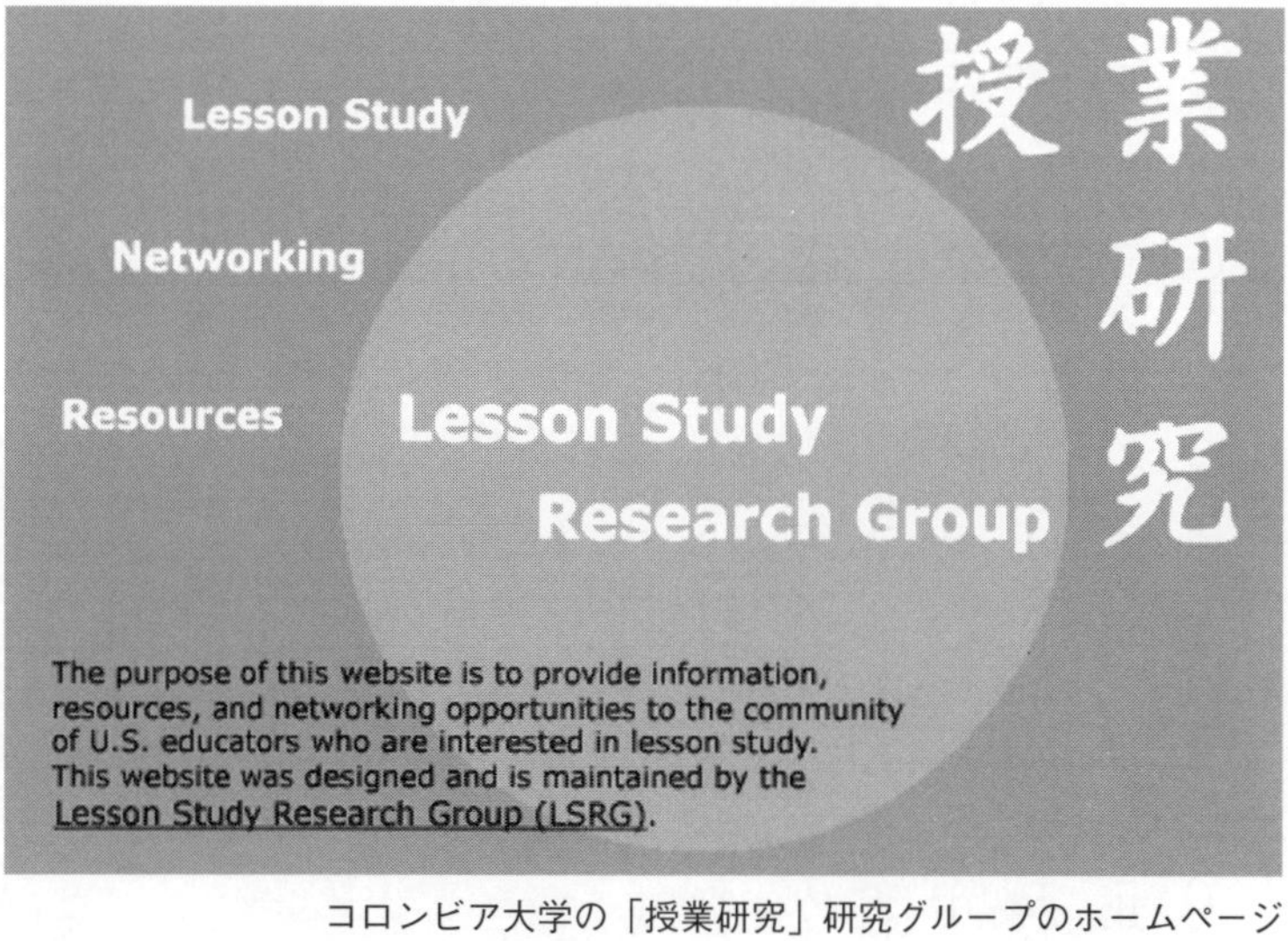

コロンビア大学の「授業研究」研究グループのホームページ

州、三三五校、一二五学区で、二三〇〇名の教師が取り組んでいる（コロンビア大HP http://www.tc.columbia.edu/lessonstudy/timeline.html、高橋 二〇〇三）。

## ❹米国教員事情

### 低い給与

米国の教師の給料は、日本に比べて非常に低い。日本の教員の平均給与は月額約四〇万円であり年収は七〇〇万程度となるのに対し（文部科学省調べ）、米国教師の平均年収は約四万ドルである。

米国教師の年収は、州による差異が大きい。最も低い州では年収三万一千ドルであるのに対し、最も高い州は五万四千ドルとなる。富裕な地区では八万ドル近い給与を支払う学区もある。しかし、その差異は教師の待遇の違いではなく、州の経済格差による。最も高い給与を支給しているカリフォルニア州は、平均的なビジネスマンの給与も高く、五万八千ドルとなっている。教員の給与が最も低いサウスダコタ州のビジネスマンの給与は四万ドルである。各州のビジネスマンの給与と比較した教員の給与は、いずれの州も〇・八～〇・九程度となっている。また、他の専門職と比較しても教員の給与は低く、歯科衛生士や看護士よりも教師の給与は一段低くなっている。

### 教員とビジネスマンの給与比較

| | a)教員給与 | b)ビジネスマン | a/b |
|---|---|---|---|
| カリフォルニア州 | 54千ドル | 58千ドル | 0.93 |
| ミシガン州 | 52千ドル | 56千ドル | 0.93 |
| コネチカット州 | 52千ドル | 62千ドル | 0.84 |
| ⋮ | | | |
| オクラホマ州 | 33千ドル | 45千ドル | 0.73 |
| ノースダコタ州 | 32千ドル | 43千ドル | 0.75 |
| サウスダコタ州 | 31千ドル | 40千ドル | 0.77 |
| 全米平均 | 44千ドル | 53千ドル | 0.83 |

（アメリカ教員連盟調べによる教員給与、米国労働省調べによるビジネスマン給与をもとに筆者が作成）

### 他職と比較した教師の給与（2001年）

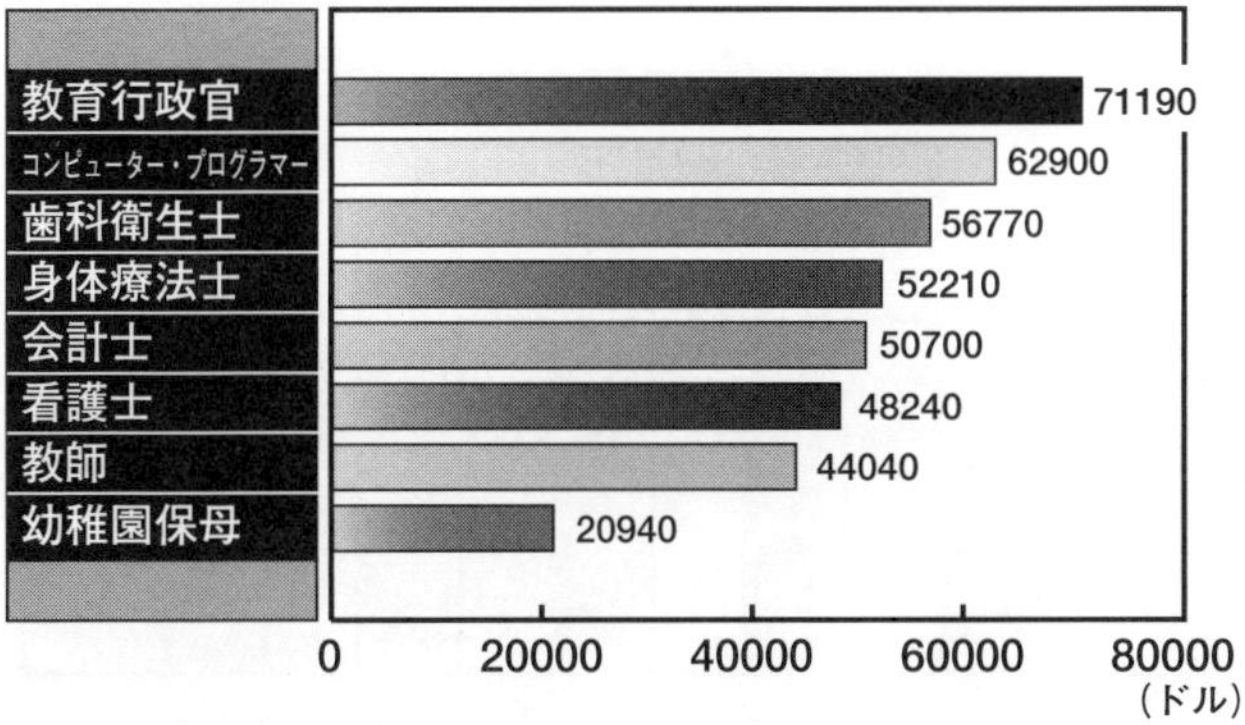


（米国労働省職業統計）

## 教員の採用数、異動・離職数

| | 1987-88年度 | 1990-91年度 | 1993-94年度 | 1999-2000年度 |
|---|---|---|---|---|
| 教員数 総計（A） | 2630(千人) | 2915(千人) | 2939(千人) | 3451(千人) |
| 採用教員 | 361 | 387 | 377 | 534 |
| 他校から異動 | 183 | 196 | 184 | 302 |
| 新規採用 | 178 | 191 | 192 | 232 |
| 辞職教員（1年後） | 390 | 382 | 417 | 539 |
| 他校へ異動 | 218 | 208 | 204 | 252 |
| 教職から離職（B） | 172 | 174 | 213 | 287 |
| 離職率（B／A） | 6.6% | 5.9% | 7.2% | 8.3% |

（連邦教育省「学校教職員調査」）

## 新任教員の経験年数別離職率

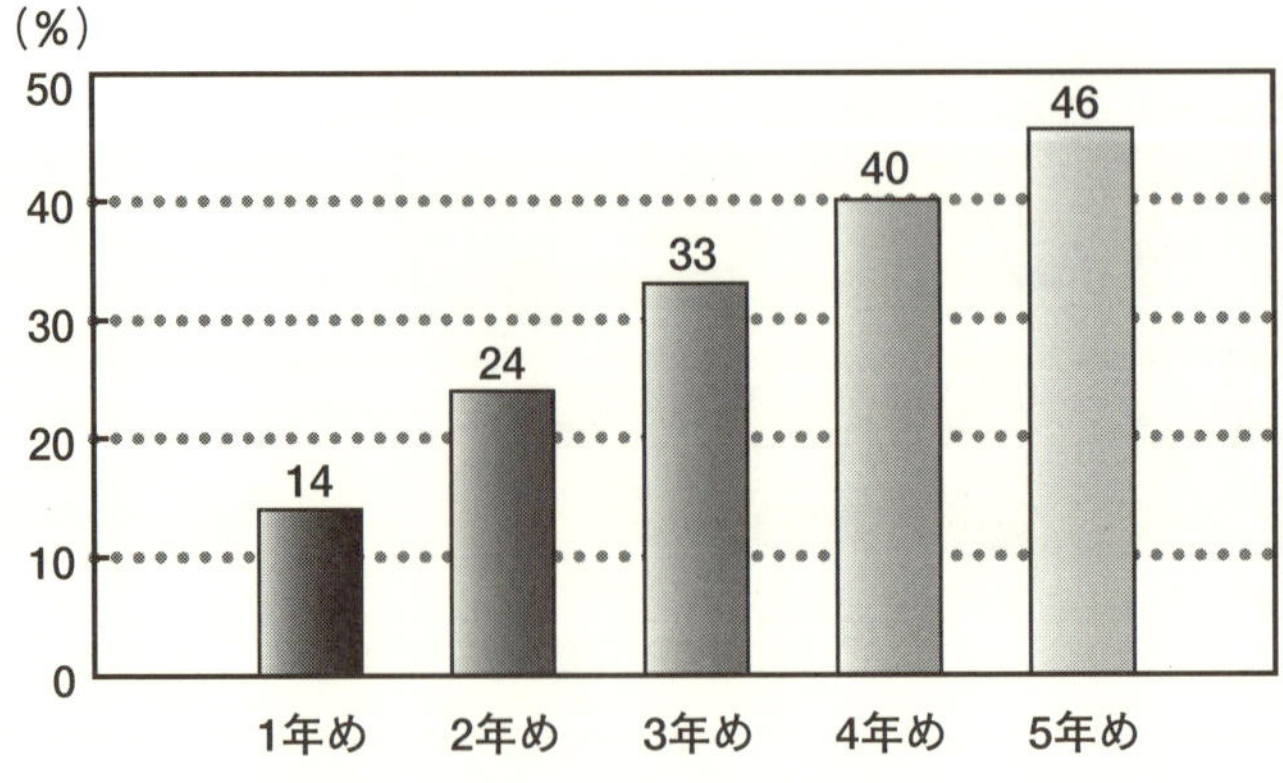


（インガーソル2000）

## 高い離職率

米国の教員採用は、公立学校も含めて学校単位で行われるため、ある学校の教員が辞職しても、他の学校にあらためて採用される場合がある。教職そのものからの離職率は、一九八七～八八年で六・六%であったのが、一九九九～二〇〇〇年には八・三%となっている。他校への転出を含めた辞職率は、およそその二倍で、教育環境が厳しい都市部貧困地区の学校ではもっと高くなり、二～三年で教員がほぼ入れ替わることもある。新規に採用された教員が離職する率は特に高く、五年間のうちに約半数が離職している。

米国では安い給与のため、他の職に転職するなど教職から離職する率も高く、自発的に研修する意欲のある教師は少ない。免許更新の単位とならなければ教師を研修の場に集めることは困難であり、そのため、補助金により運営されている研修プログラムのなかには、参加教師に報酬を支払うものまである。課業日中に校外の研修を受けようとすると、日本のように、校内の他の教師が補充に入ることは期待できず、代替教員を雇用しなくてはならない。教育委員会がそのような研修を企画する際には、講師費用とともに代替教員の謝金を措置することは必須となっている。日本のように、予算とは関係なく、教師が自主的に集まって研究するという形態は米国では見られない。

## ⑤ 教員研修事情の日米比較

### 人的財的資源に富んでいる日本

米国と比較して、日本の教員研修は、授業研究のように教師の自主的な集まりにより実施される研修が特異であるだけでなく、教育行政機関が提供する研修機会も異なっている。

筆者が米国で見た研修施設は、独立した施設として設置されているものもあるが、多くはビルの一角を借りたものや、学校の空き教室を活用したものであった。学区教育委員会が研修する場合、学校の図書館などの施設を使用している。米国では、教員のカリキュラム開発を支援するティーチャーズセンターという施設が全米に設置された時代があった。その大部分は小規模で、商業ビルの一角を借りて運営されていた。七〇年代に連邦政府の補助金が措置されたものの、その財政措置は数年で完了し、連邦政府の補助修了とともにティーチャーズセンターは衰退している（牛渡　二〇〇二）。米国の教育施策は、民主党と共和党の政権交代に伴い、大幅に方針が変更されることが多い。そのため、独立の施設を設置するよりも、既存の施設を賃借し、そこにスタッフと予算が充当されることにより運営されるプログラムが数多く存在している。そのような運営方法により、柔軟な行政施策の展開が可能となる一方、長期的な教育行政施策が展開されにくくなる可能性も大きくなる。

日本の教育センターは、昭和二〇年代に文部省通達を契機に全国に設置され、任命権者である都道府県や政令指定都市が研修の機会を提供する義務が法定されたことも伴い、研修と研究の場として、戦後五〇年以上存続し続けている。その定員は小規模な都道府県でも三〇名、大規模な都道府県になると一〇〇名～二〇〇名となっている。各教育センターは、県下の教職員を一斉に集めた研修を実施することが可能な大講義室をはじめ、理科実験室はもちろん、コンピュータルーム、家庭科室、木工室などはほとんどの教育センターが備えている。博物館にあるようなプラネタリウムを設置したり、スタジオを設置してビデオ教材を作成し、その教材の内容を地域イントラネットを通じて配信している教育センターもある。

米国教育省は七〇年代にティーチャーズセンター設立のため、諸外国の教員研修機関を視察した際、日本の教育センターの充実ぶりに初めて気づいた。しかし、予算確保の困難性から日本の教育センターと同様の施設を設置することは断念して、既存のティーチャーズセンターに補助金を支出する方針とした経緯がある（牛渡 二〇〇二）。

日本の教育センターが米国に比べて劣っている面があるとすれば、スタッフであろう。日本の教育センターは、教員が人事異動の一環で教育センター職員となるのに対し、米国の研修機関は、独自にスタッフを採用している。博士号を持つ者もおり、大学の研究者と遜色ない研究力量を持っている。筆者が訪れた研修施設の職員は、大学のホームページや図書館、学会誌をもとに研修の資料を作成していた。日本の教育センター職員は、大学教官に比べて専門知識や資料探索能力等の面で劣る場合が多く、センター職員が講師となる講座もあるものの、大学教官など外部の講師を依頼する場合が多い。

しかし、日本の教師にとって教育センター職員となることは、力量形成過程の重要な一過程となっている。日本の教師は、さまざまな機会を通じて職能成長している。新任のころは、市町村レベル、都道府県レベルの教科別研究会や、教育センターが募集する外部研究員に登録することにより学ぶ機会が与えられている。その後、職能成長に伴い、指導的な役割を担うようになって教育委員会の指導主事や教育センター職員を経験し、最終的に校長となる。その他、民間の研究会や講演会に出向く教師も多い。多くの教師が力量向上の契機として、「職場における優れた先輩や指導者との出会い」や「職務上の役割の変化」をあげている（山崎 二〇〇二）。出会いや職務上の役割の変化を体験できるのは、日本の教師が都道府県単位で異動することと、異動の過程に教育委員会や教育センターも含まれること、教員としての身分のままに主任、教頭、校長とさまざまな役職を経験できる制度上の特質による。さらに、いずれの職場においても勉強することが当然、子どもの成長を願うのが当然、という教師文化が存在している。

## 日米学校文化の違い

日本の教師文化、学校文化の優秀性はこれまで自覚されることはなかった。その要因には、中央の権威に従属しがちな教師文化があげられる。二〇年以上日本の教育を観察してきたキャサリン・ルイス氏は、日米の学校文化の差異を次の図で説明している。

ルイスによると、日本は同僚間で授業を計画したり互いに授業を批評し合う文化は強いのに、カリキュラムを開発する文化が弱い。米国は逆に、カリキュラムを開発する文化が強く、同僚間で授業を計画したり互いに授業を批評し合う文化が弱い。この背景には、日本の教育課程が明治以降、文部省の統制が強かったことも考えられる。授業研究の場では教材解釈や子どものとらえ方において自信を持ってするどい意見を発する教師でも、教育課程論などの抽象的な内容に関する議論では、文部科学省の見解や研究者の見解に遠慮しながら発言する傾向がある。中央の権威に弱い教師は、米国の教育制度も権威的に見る傾向にあり、日本の優れた側面への視線が弱くなっていたものと思われる。

筆者が訪れた米国の学校は、日本の職員室に該当する部屋がなかった。コーヒーセットを備

日本とアメリカの学校文化

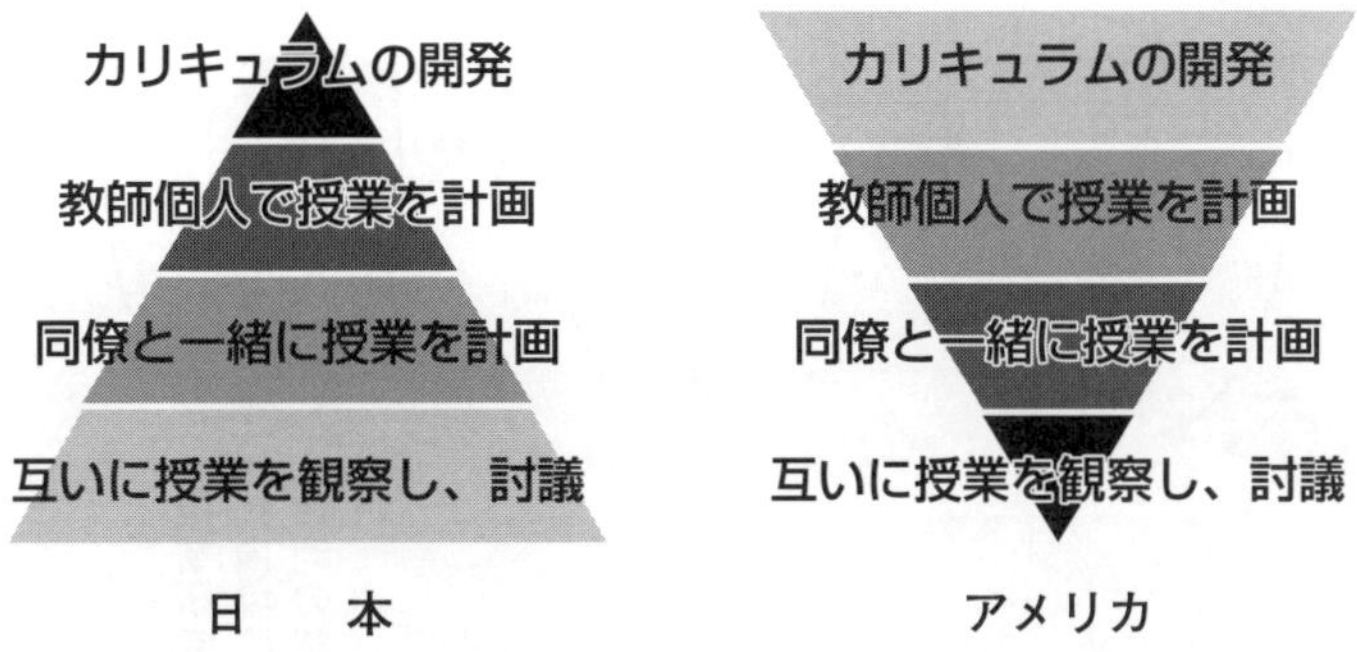


（ルイス2002）

えたミーティングルームはあるものの、各教師は、担任する教室に自分の机を持ち、そこを基本的な居場所としている。日本の小学校のように、担任教室と職員室の双方に机があるという環境はない。教科担任制をとる中学校、高校においても、各教師がいる教室に生徒が移動してくることにより、授業を行っている。米国の教師は、朝自分の教室に出勤し、そこで他の教師と会話を交わすことなく一日を過ごして帰宅する場合もある。米国研究者と日本研究者が協同して行った学校文化比較研究によると、米国の学校でティームティーチングを実践していたある小学校の新任教師は、幼稚園担当の二名の教師、同僚の教師一名と緊密な連携をとっていたものの、校内の他の教師との協力関係がほとんどなかったことが指摘されている。日本の学校で見られるような、職員全体が話し合って協力

学校の信頼回復の道

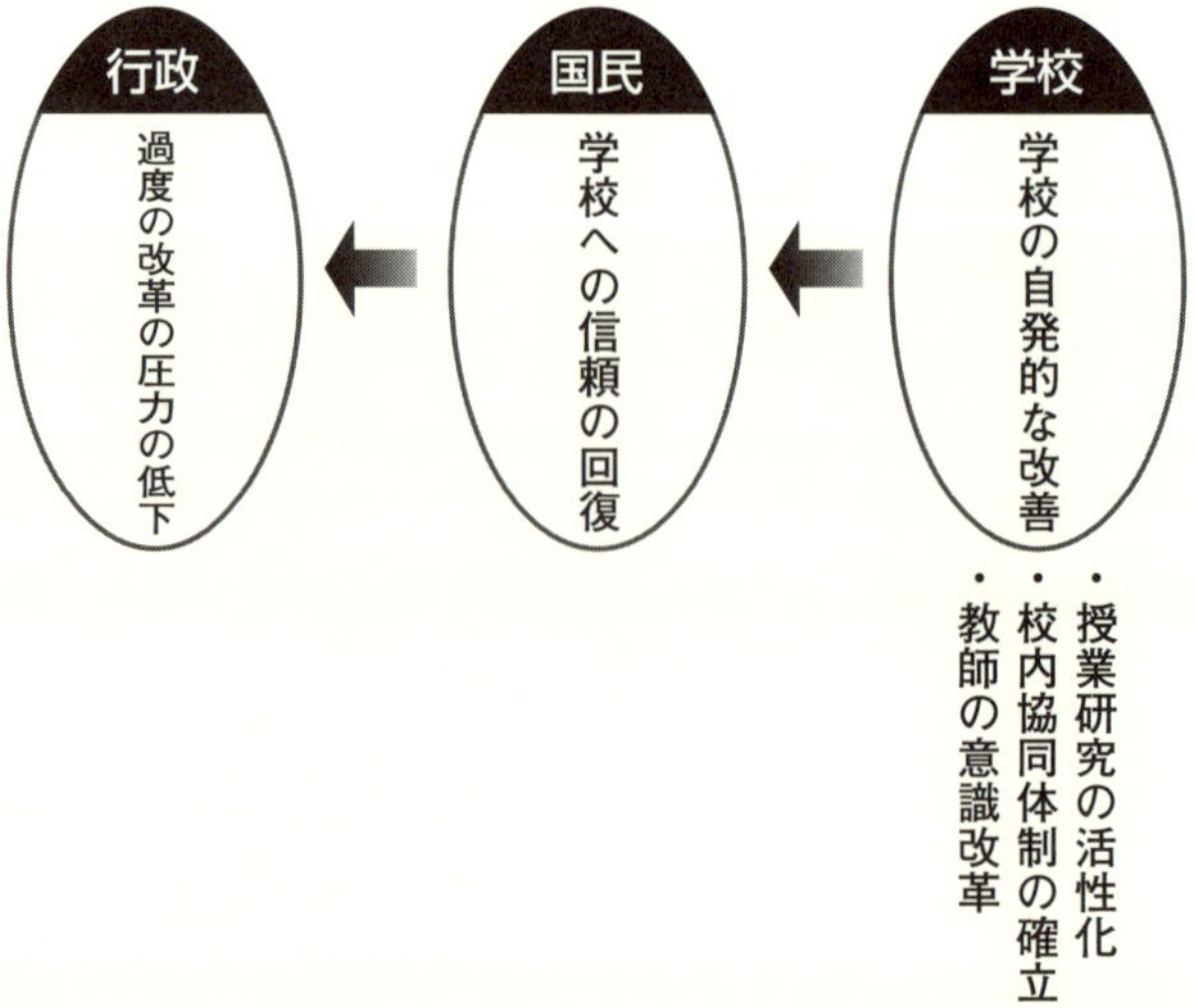

して一つのことに取り組むことは、米国の学校ではまれである（酒井 一九九九、島原・酒井 一九九五）。

日本の教師は、自らの優れた文化と力量を誇りに思うことなく、拡大しつつある新自由主義とニューパブリックマネジメントの圧力により、疲弊し、自信を失いつつある。

新自由主義改革の先駆者である米国教育界が、日本の授業研究に注目しつつある現象を、日本の教師たちはどのように解釈すべきであろうか。日本の教育には、我々が気づいていない、優れた面が多く内在している。その優れた面を自覚し、伸ばすように努力していったとき、教育改革の悪循環から学校は解き放たれるはずである。

## 研修文化の日米格差

米国では、一九八〇年代以降、学校を基盤とした研修方式がブームとなっており、ラーニング・コミュニティ、スタディ・グループ、クリティカル・フレンズ、チューニング・プロトコール等々、さまざまな研修方式が編み出されている。これらの方式は、七〇年代までの研修が教師個人を対象としたものであり、研修を受けた教師がせっかく意識を高めても、学校に戻った段階で他の意識の低い教師たちに感化されて研修の成果が消えてしまうという反省に基づいていた。米国における学校を基盤とした研修方式は、日本の校内研修に似ているところもあるが、大きく異なるところもある。日本の校内研修では、外部指導者を招聘することがあるものの、外部指導者が不在でも、校長等の内部の教員による指導は可能である。これに対し、米国の研修は専門知識を持つ指導者の存在が必須条件となっている。研修指導者は、校内研修用の研修プログラム（そのプログラムに著作権が設定されている場合もある）の知識を持って、学校に指導に入る。研修のトピックは指導者により与えられ、テキストを使用する場合もある。学校が外部指導者を招聘する予算は、学校の当初予算から支出する場合もあるが、さまざまな団体（財団、ＮＰＯ、連邦政府、教育委員会等）から提供される補助金を学校が獲得して講師謝金にあてている場合も多い。

米国における授業研究も、外部指導者の存在は必須となっている。米国の授業研究の嚆矢であるニュージャージー州パターソン公立学校を指導している吉田誠氏は、グローバル・エデュケーション・リソーシズという会社を立ち上げている。会社の主な収益は、吉田氏が授業研究の指導を行う際に学校より受け取る謝礼や補助金により成り立っている。吉田氏は収益のために会社を設立したのではなく、米国内に授業研究を広めるためには授業研究を指導することを主目的とする会社を設立した方が有効と考えた。

米国の研修は、研修のための資金を提供する団体の存在が大きな鍵を握っている。授業研究のブームも、資金が提供されなくなった場合、衰退する可能性が高い。

日本では、報酬に関係なく、お互いに教え、教え合うことが当然の学校文化として成立している。校内研修だけでなく、地域で教科別に組織されている研究会では外部の指導者を招聘しても、その謝礼はおおむね米国に比べ低額か無報酬である。米国で課題となっている学校を基盤とした研修の活性化は、日本ではおおむねすでにできあがっていると考えてよい。

研修に臨む教師の意識も、日米で大きく異なる。米国の教師には、夜間大学院に通う者や夏季休業日等に民間の研修を受講する者は多数いる。特に大学院で学ぶ教師の数は日本よりはるかに多いであろう。しかし、彼らが大学院の授業や民間の研修を受講するインセンティブは、受講歴が教員免許更新の条件となっており、学区によっては、受講により取得するクレジット（単位）によって給与が上昇することによっている。受講者に対してボーナスが支払われる研修もある。

日本の教員研修は、教職経験者研修のように、参加が義務づけられている研修もあるが、多くの研修は参加が任意であり、しかも研修歴が給与に反映されたり教員免許の維持に関係することはない。米国の教師と異なり、研修に向かう際のインセンティブがほとんどない状況で、多くの教師が自発的に研修している。民間の企業や団体が主催する研修会は高額の参加費（米国に比べると安いものの）が必要な場合が多いが、私費でそのような研修会に参加する教師も多い。また、市町村単位で組織される教科別研究会で知り合った教師同士で、インフォーマルに組織される研究会も多い。彼らの研修に向かう動機は、新しい教育課題への対応に迫られてやむをえず勉強しなくてはならないという受動的な意識も見られるが、多くは、自らの教師としての資質をより向上させたいという純粋な気持ちである。

もっとも、米国の教師は、すべてが明確なインセンティブなしには研修しないというわけではない。なかには、次のような想いを吐露する教師もいた。

「研修会や教師が集まる会合の場で、私は子どものことを考えている目を持った人を探していました。そのような人は少ないけど、探せば必ずいます。その人たちと仲よくなり、お互いの悩みや教育への思いを交換し続けました。」

筆者が接したこの教師は、このような想いを持ちながらも、給与の安さには耐えられず、職を辞して大学院に入学し、研究者になることを目指していた。日本では、給与など処遇面で不満を持つ教師はいても、教師という職業を辞めるほどの不満を持つ者はいないであろう。

日本の教師は、安定した身分と処遇に守られて、高い職業意識を保ち続けている。小学校から高校までの公立学校教員は一〇〇万人にものぼる。そのなかには職業意識の低い者や問題を起こす者もいるが、そのような教師の割合は非常に低い。大部分の教師は高い倫理観を持っている。

このような教師文化の中で日本の教師が育んでいる力量が、どのようにすばらしいものであるかを明示的に説明できたとき、多くの国民による学校に対する不信のまなざしは収まることになると思っている。

# 第三章　米国に広まりつつある実践的な教員研修

# ① 反省的思考（リフレクション）の提言

## 一九八〇年代に起こったもう一つの波

「危機に立つ国家」が公表され、教育改革の波が広がっていった一九八〇年代の米国教育界では、新自由主義とは別の波が生じていた。新自由主義改革の波はわかりやすい、競争原理の導入による教育の活性化を目指したものであるのに対し、もう一つの波である反省的思考（リフレクション）は、教師教育に対する米国内の長年の批判を背景とするものであり、米国を授業研究に向かわせる誘因の一つとなったものである。

ドナルド・ショーン氏が一九八三年に発表した『リフレクティヴ・プラクティショナー』は、教師の専門職性は医者や法律家の専門職性と根本的に異なっており、理論的知識の獲得よりも反省的思考（リフレクション）が必要と説き、学問の成果による知識の獲得にとらわれがちであった米国の教員養成観にアンチテーゼを突きつけた(ショーン　一九八三)。

## マイナーな専門職性の教師

ショーンが説く教師の専門職性とは次のようなものである。

医療や法律の世界は、人々が納得する明白な目的によって学問的に原理づけられており、医者や法律家という「メジャーな専門性の職業」は、学問の成果による技術的知識を有することが力量の向上につながる。ところが、教育や福祉や宗教の世界は、変わりやすいあいまいな目的に支配され、不安定な制度的な文脈に煩わされるため、教師や社会福祉士という「マイナーな専門性の職業」は技術的知識に頼ることが許されず、常に複雑性、不確実性、不安定さ、独自性、価値葛藤に直面している。マイナーな専門性の職業人にとって、自らに有益な実践的知識は、学問の成果を学習することにより得るところは少なく、実践を通して実践の中の知を獲得するしかない。教師などのマイナーな専門性の職業家は、医者や法律家とは異なる「反省的実践家」でなくてはならないと、ショーンは主張した。

ショーンによる反省的思考の必要性は、教師など技術的合理性を適用しにくいマイナーな専門性の職業にとどまっていない。医者や法律家などのメジャーな専門性の職業においては、医療ミスや弁護士による不祥事など、近年職業上の問題が指摘される場面が多数生じている。これらの問題の解決は、学問をいかに発展させるかという方向性よりも、専門職としての倫理や患者や顧客とのコミュニケーションの持ち方など、マイナーな専門性の職業で重視されてきた技能の獲得に焦点が移行しつつある。かくして、メジャーな専門性の職業においても、マイナーな専門性の職業においても、反省的思考（リフレクション）による実践的な認識や実践的な問題解決が必要な時代になっているとショーンは分析している。

メジャーな専門職性とマイナーな専門職性

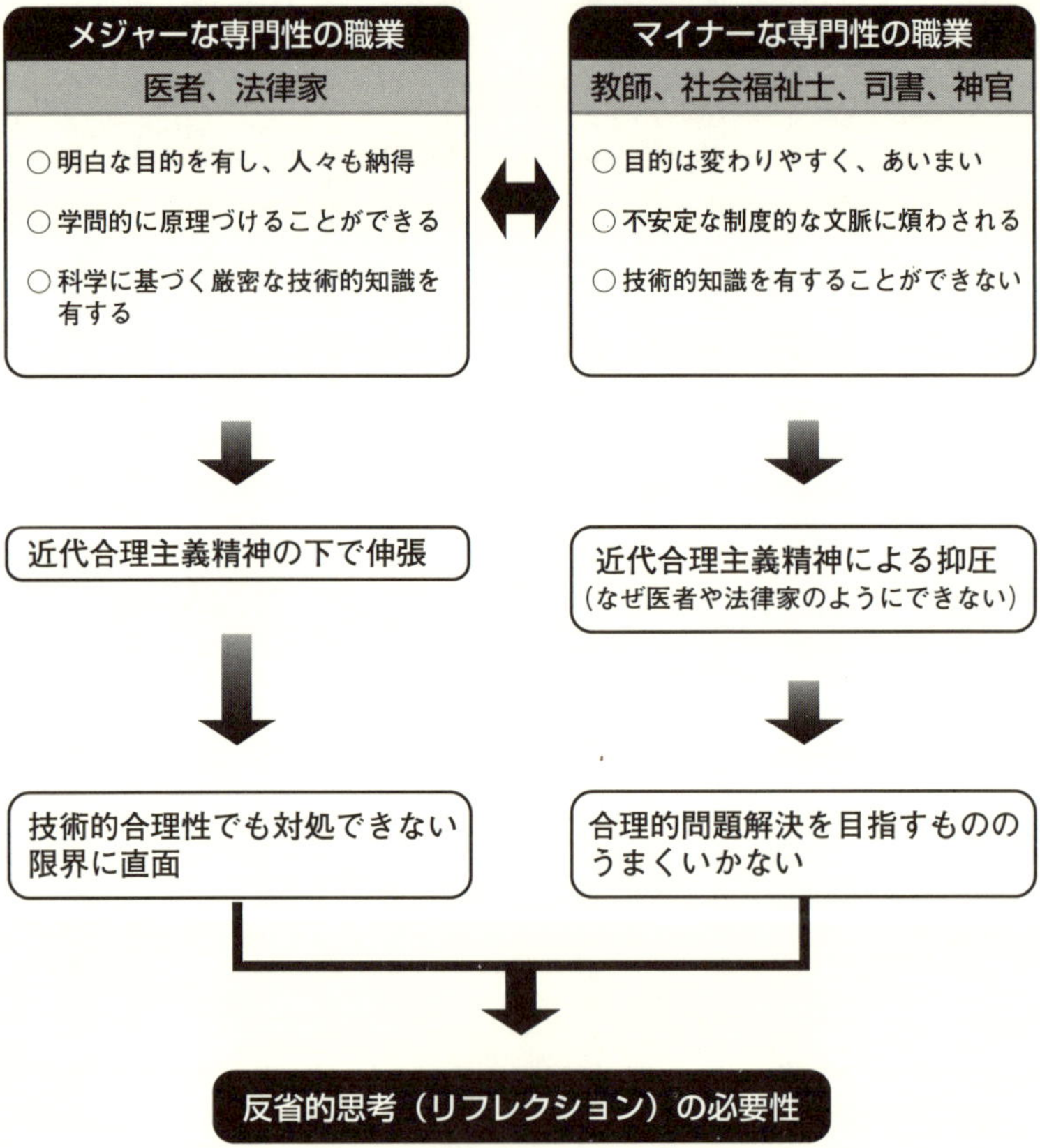
メジャーな専門性の職業
医者、法律家
○明白な目的を有し、人々も納得
○学問的に原理づけることができる
○科学に基づく厳密な技術的知識を有する
マイナーな専門性の職業
教師、社会福祉士、司書、神官
○目的は変わりやすく、あいまい
○不安定な制度的な文脈に煩わされる
○技術的知識を有することができない
近代合理主義精神の下で伸張
近代合理主義精神による抑圧
（なぜ医者や法律家のようにできない）
技術的合理性でも対処できない限界に直面
合理的問題解決を目指すもののうまくいかない
反省的思考（リフレクション）の必要性

## ショーンの影響

米国では、伝統的に大学が担ってきた教員養成と現職教育に対する疑問が繰り返し提起されていたが、具体的な改善は行われなかった（グッドラッド 一九九〇、ルーカス 一九九七、ボロウマン 一九六五）。一九七〇年代までに試みられた手法としては、工学的な手法によるマニュアル開発や、教育委員会や大学から独立した、教師たちの互助運営による支援機関としてのティーチャーズセンターの設立があげられる（牛渡 二〇〇二）。

一九七〇年代に全米に草の根的に広まったティーチャーズセンター設立の動きは、一九七六年に連邦政府が補助金を支出する法律が成立するまでに至るものの、その法律の執行は数年で終了し、補助金の消失とともにティーチャーズセンターも自然消滅していった（牛渡二〇〇二）。ティーチャーズセンターのディレクターとして勤務し、その後大学教員となったウィスコンシン州立大学のサイクナー教授は、ティーチャーズセンターの流行はすぐに終わったが、教師の指導者として大学の研究者のみがイメージされていた教育界に、教師が教師を支援する気運が高まったと語っている（二〇〇三年五月インタビュー）。

ティーチャーズセンターの経験から、教師の力量形成は大学における知識獲得だけではないという考えがおぼろげながら認識されていたところに、ショーンが教師に必要な努力は知識獲得よりも反省的思考（リフレクション）であるという論を提起したため、全米にショーンの論が支持されたのではないかと、筆者は推察している。

ショーンの影響からか、一九八〇年代以降に米国で開発された教員研修の手法には、明示的な知識を獲得するよりも、指導者との対話を通じて授業への理解を深めるもの、学校全体で授業のありかたについて考察するものなどの手法が見られる。

　反省的思考が教師の知識に与える影響は、図のようにイメージできる。教師の知識を、講義や図書などことばで記号化された情報により伝達することができる「明示知」と、ことばで伝達することができない「暗黙知」に分けて考えると、反省的思考とは、教師が暗黙知を獲得することを促進する戦略ととらえることができる（暗黙知の考え方については、第四章で詳しく述べる）。

教師の知識獲得戦略イメージ

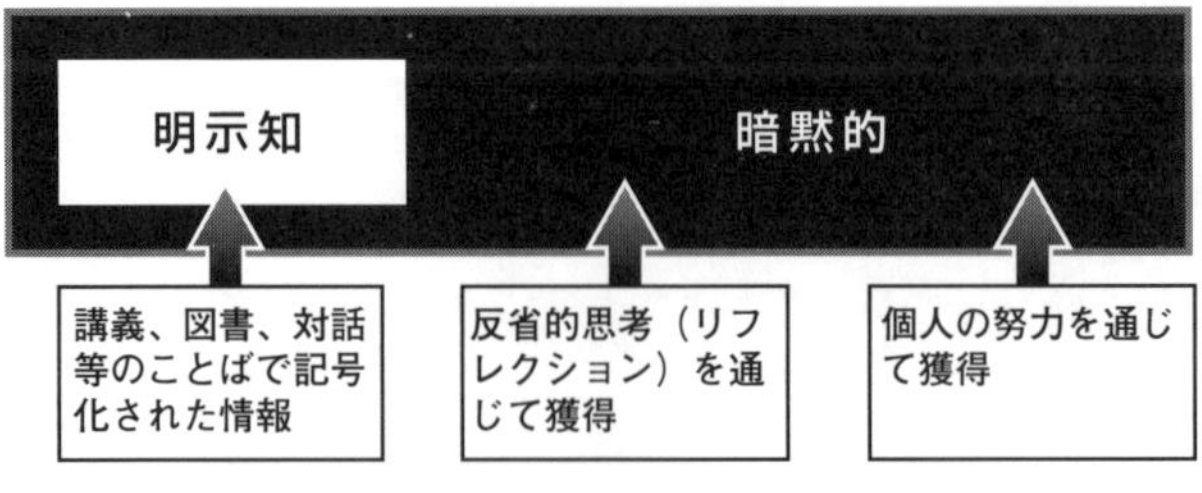

## ②米国に広まる実践的な教員研修の手法

一九九〇年代以降の米国で、実践的な教員研修の手法としてあげられるのは、アクションリサーチ、コーチング、メンタリング、ラーニングコミュニティ、チューニングプロトコールなどである（NSDC 一九九九、ASCD 二〇〇二）。

コーチングやメンタリングは、教師自身の自己変革能力への信頼から、指導者が具体的に方向性を示すのではなく、教師自身に変化の方向性と改善のための具体的方策を考えさせる手法である。その際、コーチあるいはメンターは教師が自らの改善の方向性を見いだすための手助けをするため、直接解決策を教示せず、教師に対し有効な質問を発することにより問題解決に向けた取り組みを促進している。コーチはカウンセラーに似た専門職であるのに対し、メンターは同僚がなる場合が多い。組織内でメンターとメンティー（メンタリングを受ける立場の教師）を組み合わせ、メンターが適切なメンタリングを行うために指導者が介在する。

ラーニングコミュニティ、チューニングプロトコールなどは、同僚同士の討議を通じて互いに認識を深め合っていくことを意図している。ラーニングコミュニティで具体的に行う内容はテキストの輪読が主であり、チューニングプロトコールは参加教師が自らの課題を持ち寄って討議する。いずれも時間を区切ってフォーマットにしたがって討議を進めていくことが特徴的である。

これらの研修方法に共通するのは、個々の教師の力量を向上させるのではなく、学校全体で力量を高めようとする志向性である。個々の教師を研修で高めても、学校に戻った段階で元に戻ってしまうという批判は、日本でも聞かれるが、筆者が米国でインタビューした指導者においても、そのような認識が共通していた。

## ③ アクションリサーチを通じて成長する教師たち

米国で一九八〇年代以降広まっている反省的思考への注目と学校全体の改善を目指す研修の志向性がクロスするところに、アクションリサーチがある。アクションリサーチとは、教師が自らの実践を対象として行う研究のことである。当初は心理学の研究の方法論として提唱されたものの、今日では教師に実践的力量を育成する教員研修の代表的な手法として米国内に知られている。ここでは、日本でまだ知られていないアクションリサーチの歴史と取り組みの実践例を見ることとする。

### 米国におけるアクションリサーチの誕生

ショーンは『リフレクティヴ・プラクティショナー』の中で、反省的思考を促進する手法の一つとしてアクションリサーチを提唱した。

アクションリサーチの手法は、ドイツの心理学者クルト・レヴィン（一九三二年ナチスに追われて渡米）が提唱したことに始まる。レヴィンは、それまでの実験室を中心とした心理学の研究手法が実践的認識を欠如するとし、一定の目標達成が志向される場で、目標達成のための仮説を立て、実践を通してその仮説を検証していく手法を提唱した。

レヴィンの提唱を受け、ステファン・コーリー(コロンビア大)が一九四三年にホレース・マン・リンカーン教育実験室を設立し、教育学の分野におけるアクションリサーチを推進しようとした。ところが、コーリーの実践に対し、旧来の研究手法の擁護者から批判が相次ぎ、一九六〇年代初めにアクションリサーチの手法は衰退する。

一方、英国においては一九六〇年代に学校を基盤としたカリキュラム開発の動きが生まれ、各学校におけるカリキュラム開発を目的として、アクションリサーチが実践されるようになる。

オーストラリアでも、英国の動向と連動してアクションリサーチが一九七〇年代に広まった。英国のアクションリサーチは実証主義傾向が強いと批判し、各学校の意思決定を重視する解放的アクションリサーチが提唱された。

英国、オーストラリアの動向と、ケーススタディ研究の進展、ショーンによる反省的思考を重視する動向などの影響を受けながら、米国では一九八〇年代に再びアクションリサーチが実践されるようになった。一九九二年には全米教育学会においてアクションリサーチに関する分科会が設けられ、徐々に認知度が高まっていった。アクションリサーチは、その実践性とともに、アクションリサーチを実施した教師自身において顕著な職能成長が見られるところから、これを免許更新の条件とする州も出てきている（サイクナー 二〇〇一）。

## アクションリサーチの手法

現在、米国で実践されているアクションリサーチは、その実態は多様であり、実践者により定義が異なるが、ある程度共通して見られる要素もある。英国におけるアクションリサーチが学問研究の成果と同様の成果を導くことを目指す傾向が強いのに対し、米国においては、研究成果よりもアクションリサーチを実践する教師自身の自己教育の手法として実践されている場合が多い。

アクションリサーチに関して米国を代表する研究者であるケネス・サイクナー氏は、アクションリサーチの特質を表のようにまとめている（サイクナー 二〇〇三）。アクションリサーチを行う教師の動機として、勤務場所を離れることができること、免許更新のための単位になることがあげられているのは米国ならではの事情と感じられるが、多様な観点が含まれる実践を包括的に考察したり、実践が改善されるという成果が報告されているのは、日本の教員研修に参照できる側面があると感じられる。

アクションリサーチの意義を実践者の実践が改善される側面に求める考えがある一方、その考え方に対する批判も存在している。アクションリサーチの成果を他者へ広めるためには、アクションリサーチの成果も旧来の研究手法による検証が必要であり、研究の認識枠組みの創造も必要である

### アクションリサーチの諸側面

| | |
|---|---|
| 実施主体 | 教師個人　小グループ　学校全体 |
| 目　的 | 教師自身の授業を理解し、改善する<br>知識を創造する<br>平等、民主主義を促進する |
| 資金源 | 教師の個人的資金　学区　組合　大学　州<br>地区教育施設　教員研修団体　地区教員研修センター<br>学校と大学の連携プログラム　教育財団　連邦政府 |
| 動　機 | 勤務場所を離れ、他校の教師とともに考える機会を得る<br>外部資金の獲得<br>大学や免許更新のための単位取得 |
| 期　間 | 1年または1年未満　数年 |
| 実施形態 | 日誌<br>口述記録<br>観察、インタビュー、文献等のデータに基づく分析<br>エッセイ |
| 研究成果 | 先行研究に基づく特定の研究主題の探求<br>多様な観点が含まれる実践を包括的に考察<br>実施者の実践の改善 |
| アクションリサーチ以外の学問的研究成果への態度 | 研究の開始時に研究の構想や視点を獲得するための参考とする<br>研究を推進する際の資源とする<br>学問的研究の意義を認めず、全く参照しない |
| 既存の学問や教員研修への態度 | 既存の学問体系を継承し、模倣しようとしている<br>既存の学問体系から独立し、教師の実践への深い洞察を示す |

（サイクナー2003をもとに筆者が作成）

との批判である（コシュランスミス&リトル 一九九三、フーバーマン 一九九六）。

アクションリサーチを通じ、実践的知識を創造している事例もある。ナミビアは、教育改革の主たる手段としてアクションリサーチを位置づけ、改革のための知識を先進国から輸入するのではなく、国内のアクションリサーチの成果から得るようにしている（サイクナー 一九九八、一九九九）。

教師の実践そのものへの洞察をもとに、新たな知識の創造と実践者の実践そのものの改善を目指す手法としてのアクションリサーチを実践した事例として、マジソン市の取り組みがある。

## マジソン市のアクションリサーチ

ウィスコンシン州マジソン市では、一九八〇年代より現職教員によるアクションリサーチを実施している。

一九八五年、マジソン市教育委員会の現職教育課スタッフがセミナーにてアクションリサーチについて学び、同市で実践者を募ったことから、アクションリサーチの実践が始まった。初年度は七名の実践者で開始したものの、その後応募者が少なくなり、いったんは実施を中止した。その後、同市で都市化の進行に伴い生徒数が拡大し、文化の多様化が進行したことに対応するための手段として、アクションリサーチの意義が再認識されるようになった。

マジソン市教育委員会は、一九八八年に文化的多様性に対応するために教師にアクションリサーチを実践させるプログラムを開始し、参加教師が会議に参加するための六日分の代替教員予算を措置した。その後、一九九〇年から別のプログラムを開始し、六日分の代替教員予算のほか、指導教員の予算措置も行うこととなった。

マジソン市で実践されているアクションリサーチは、八月から翌年六月までを一サイクルとしている。参加教員は、毎月一回、四名から一〇名程度のグループで集まり、各グループに二名の指導者が同席する。会合では、各自の研究課題を披露し合ったり、研究や実践上の課題について相談する。会合で他の参加者の話を聞くなかで、教員たちには自らの研究すべき課題やよりよい実践のイメージが沸いてくる。指導教員は六週間ごとに会合を持ち、相互に情報交換するとともに、指導上の課題について話し合っている。一年間のアクションリサーチの実践の最終段階では、報告書の執筆が義務づけられている。この実践を通じ、参加教員においては、「自らの資質が向上した」「授業を分析的に、深く省察することが可能になった」「同僚との会話の質が高まった」「生徒中心の授業を意識するようになった」などの変化が見られるようになった。

## マジソン市の高校教師が実践したアクションリサーチの例

この教師は、リーディング（国語）を不得意とする生徒はまったく読めないのではなく、高度な文を一人で読むことが困難なのであり、読む能力だけでなく、教科に関する知識や学習態度を総合的に高める必要があるとの仮説を立てた。

この仮説を検証すべく、校長と生徒の協力を得て、リーディングを不得意とする生徒ばかりを集めた一五名の少人数クラスを編成し、特別授業を実施した。

生徒は授業内容に関連した補助教材を与えられ、それを二人～数人のグループで読むように宿題を提示された。補助教材は、声を出して読むべき箇所、各自黙読する箇所、読み飛ばしてよい箇所が明示されている。補助教材は五ページ程度であるものの、文字が小さく、分量が多いため、読むのに一週間を要する。教師は、補助教材の理解を助けるための設問を提示した。設問への回答はグループで取り組むように提示した。

グループ学習では、すでに理解した生徒が他の生徒の理解を補助するよう協力し合った。このような取り組みを続けた結果、大部分の生徒が「グループ学習は効果があった」と回答した。また、多くの生徒が、授業中集中してテキストを読めるようになった。という成果が見られた。（キャロ・ブルース　二〇〇〇）

## アクションリサーチを成功させる要因

他の学区でアクションリサーチを実践している学区もあるものの、マジソン市のように顕著な効果が見られる事例は少ない。その要因として、マジソン市教育委員会教職員課のキャシー・キャロ・ブルース氏は、第一に教師の自発性を尊重していることをあげている。他の事例では学区内あるいは学校内の全教員にアクションリサーチの実施を義務づけている場合もあり、しかたなくアクションリサーチに取り組んだ教師においては、さほどの効果は見られていない。マジソン市のアクションリサーチは教育委員会の公募に応募した教師のみが実践している。第二の要因として、指導者の存在がある。マジソン市もアクションリサーチの開始当初は、思うような成果をあげることができなかった。ところが、教師たちのミーティングに指導者が同席するようになってから、教師たちの実践に深まりが見られるようになった。第三の要因として、財的資源、指導者が参照できる豊富な資料があげられる。マジソン市ではアクションリサーチの意義が広く認められた結果、アクションリサーチのための予算措置がされるほか、予算が不足する場合には他予算をアクションリサーチのために流用することを認める支持的な雰囲気がある。予算の大部分は、教師が会合に参加するために雇用する代替教員にあてられる。各学校はアクションリサーチのための代替教員予算が不足する場合は、校長の判断により、他予算を活用して代替教員を雇用している（キャロ・ブルース＆サイクナー　一九九八）。

## ④ アクションリサーチと日本の実践研究の比較

### 世界に広がっているアクションリサーチ

教師が自らの実践を対象に研究するアクションリサーチは、世界に広まっているといってよい。

先行研究の著書で確認されているだけでも、英、米、豪、南アフリカ、カナダ、メキシコ、マレーシア、イタリア、イスラエル、オーストリア、韓国、タイなどがあげられる（ホリングワース 一九九七、マックタガート 一九九七）。

日本でアクションリサーチという語が使用される際は、主に二つの文脈で使用されている。一つは、レヴィンが提唱したアクションリサーチの概念を使用し、社会学や心理学が行う研究手法としてであり、この場合は大学の研究者が研究主体となっている。もう一つは、米国におけるアクションリサーチの手法を輸入して新たな教員の研究の方法論として提起しているものであり、佐野正之氏が英語の授業研究の新しい手法としてアクションリサーチを提唱している（佐野 二〇〇〇）。このように日本におけるアクションリサーチの実践はまだ狭い範囲で行われているようであるが、視点を変えると、日本の実践研究とアクションリサーチには大きな共通項がある。

## 日本の実践研究とアクションリサーチの違い

日本の実践研究とアクションリサーチの共通項とは、ともに「教師が集団あるいは個人で自らの実践を対象に行う研究」ということである。アクションリサーチをこのように定義することは可能であり、その文脈において、日本の実践研究は日本版アクションリサーチととらえることができる。

日本の実践研究の特徴と、前節で紹介したアクションリサーチの特徴を比較対照すると、表のようになる。

日本の実践研究と米国のアクションリサーチ

| 日本の実践研究 | 米国のアクションリサーチ |
|---|---|

実践者：教師、学校
指導の改善を目的
実践を素材として研究

| 日本の実践研究 | 米国のアクションリサーチ |
|---|---|
| 研究テーマがあいまいとなる傾向 | 研究テーマは明確（絞られている） |
| 形式に流される傾向 | 実践的な問題意識 |
| 教師の主観による報告 | 客観的な資料による報告 |
| 成功例のみを報告 | 負の側面も報告 |
| 研究者、行政に隷属的態度 | 研究者に対して独立した態度 |
| 自己改善の意識希薄 | 自己改善の自覚 |

| 日本の実践研究 | 米国のアクションリサーチ |
|---|---|
| 明治期より実践 | 1980年代より実践 |
| 校内研究の実施は学校文化として定着 | 予算措置がないと実施は困難 |
| 多くの教員が自発的に研究 | インセンティブ（免許更新、謝金）がないと実施しない |
| 豊富な指導者（教師、研究者） | 限られた指導者 |

困難な研究成果の一般化

日本の実践研究は、米国のアクションリサーチに比べて、研究を実施することを支援する学校文化が存在していることが大きな利点である。米国では予算が措置されないとアクションリサーチを実施しようという教師は出てこないのに対し、日本では学校が校内研究を実施することに非協力的な教員はいても、その意義を否定する教員は少ない。しかし、日本の実践研究は、研究テーマがあいまいで形式に流される傾向があり、その問題点を克服する上で、米国のアクションリサーチの研究手法を参照することは多いに意義があると思われる。

また、米国のアクションリサーチが、研究主体としての教師の自己改善の効果を認めているのに対し、日本の実践研究ではその視点が希薄である。米国では、日本の授業研究が反省的思考をうながす手法として注目されつつあり、研究を実施した教師が、実践研究を通じて実践知を獲得したり、自己改善を達成することの意義を追究する必要がある。

そのように米国のアクションリサーチの研究成果から、日本の実践研究の方法と意義を問い直すことを通じて、実践研究が教師の力量を高め、実践的で一般化可能な知識の創造のための方法論を構築する可能性がある。また、アクションリサーチで問題視されている研究成果の一般化の問題は、日本の実践研究も内包する問題である。日本の実践研究がこの問題を解決したとき、米国はじめ他国で実践されているアクションリサーチの方法論を革新することにも寄与できるものと予測している。

# 第四章　教師の力量と暗黙知

ドナルド・ショーンは、医者や弁護士などの「メジャーな専門職性」と教師などの「マイナーな専門職性」は本質的に異なることを示した。日本の実践研究や授業研究、米国のアクションリサーチは、ショーンが提起した反省的思考を促進するための実践的な研修の手法ととらえることができる。この章では、実践研究や授業研究、アクションリサーチによる反省的思考を通じて教師が獲得している力量は、これまで考えられてきた教師の力量とどう違うのかをより明確にすることを、暗黙知ということばを使って説明することを試みる。

## ① 暗黙知とは何か

### ポランニーが提唱した暗黙知

暗黙知ということばは、ハンガリーの科学哲学者マイケル・ポランニー氏（一九三三年にナチスに追われて渡米）が提唱した。ポランニーは、科学的発見の際に科学者は、発見の内容をすでに暗黙の内に知っており、発見するとは、暗黙の内に知っていたものを明示化することであるとした。

ポランニーは暗黙知の所在を示すにあたり、次のような心理実験の成果を紹介している。

多数の無意味な文字の綴りを被験者に示し、特定の綴りを提示した場合には被験者に電気ショックを与えるようにすることを繰り返す実験を行った。実験を繰り返すうちにやがて、被験者はショックを与えられる特定の綴りが示されるとショックを予想するようになった。ところが被験者は、その特定の綴りが何であるのかを明確に答えることはできない。目はショックを与える文字の綴りを「知覚」しているはずなのに、被験者は文字の綴りを「認識」していないのである。

ポランニーはもう一つ、同様の示唆が得られる別の実験を紹介している。被験者に自由に発言してもらい、ある特定の単語に関連することばを被験者が口にした際に電気ショックを与えるようにする実験を行った。繰り返すうちに、被験者はそのようなことばを避けて発言するようになったのに、彼が避けたことばはどのようなことばであったのか、尋ねられても回答できなかった。

この二つの実験では、いずれも被験者は電気ショックを避けようとする意図は自覚しており、避けることができるようになったが、どうすれば電気ショックを避けることができるか、他者に明確に説明できなかった。ポランニーは、この結果を引用しながら、我々が「できること」あるいは「語ることができること」の背後には自覚できない暗黙の世界が存在していることを指摘した。

ポランニーは暗黙の世界の存在を示した後、美学的鑑賞と自然科学の認識の差異に言及する。ディルタイ（ドイツの哲学者　一八三三〜一九一一）等の引用により、人間や芸術作品の理解において、作品の中、相手の心の中に「潜入」することにより理解することの意義を紹介しながら、自然科学においても理論によって説明される状況に潜入することにより真の理解が得られるとしている。

ポランニーが暗黙知の語で主張したかったのは、客観的知識の世界におけるコミュニケーションから新たな知識が創造されるとする、近代合理主義思想に対するアンチテーゼであろう。暗黙的な思考が知識の不可欠の部分をなしていることを、ポランニーはプラトンの『メノン』を引用しながら、説明する。『メノン』の中で、プラトンは問題に対して解答を探し求めることは不合理であるとのテーゼを示した。探し求めているものを知っているならば、それは「問題」とはならないこととなるし、探し求めているものを知らないのならば、「問題」として意識することはできないはず、という論旨である（ポランニー 一九八〇）。

ポランニーはこのパラドックスを、科学者が問題を意識する段階は、暗黙知の世界を内感（intimate）しているのであり、科学的発見とは、暗黙的に内感していた世界を明示化することであると説明している。発見された客観的知識には、その背後に広大な暗黙知の世界が存在しており、知識を理解するには、背後の暗黙知の世界に潜入して感知する必要がある（ポランニー 一九八五）。

## 日常見られる暗黙知

ポランニーは科学的発見の場面にしぼって暗黙知の存在に言及しているが、暗黙知の実例は枚挙にいとまがない。たとえば、自転車に乗れる人は、自分がなぜ乗れるのかを人に説明することができない。自転車に乗れない人が乗れるようになるためには、自分で練習するしかない。講義を受講することが練習の時間を短縮することにつながる場合もあろうが、講義を受けるだけで自転車に乗れるわけがない。つまり、自転車に乗れる技能は暗黙知なのである。水泳、楽器の演奏、伝統芸能…身体的な訓練なしに獲得できない技能はすべて暗黙知ということができる。名選手名監督にあらずということばは、時に皮肉のニュアンスを込めて語られる（名選手だったんだからきちんと監督できないのはおかしいという非難など）。この事態も、暗黙知の用語を使用すれば、簡潔に説明できる。名選手は優れた技能を持っているものの、それは暗黙知であるがゆえに人に説明できないのだ。優れた技能を持つことと、人に優れた技能を獲得させるのは異なる行為である。

スポーツや芸術の世界で訓練が重要であるのは誰しも認めることであろう。実践者は訓練を通して身体能力を高めると同時に、技能という暗黙知を獲得している。この論旨はスムーズに受け入れられるであろうに、他の領域になると、訓練の地位が低くなり、時には無視されるのはどういうことであろうか。講習などでトップセールスマンの話を聞いて、「ためになった」「参考になった」と感想をもらす人は多くいても、「おかげで自分のセールス実績が上がった」という人は少ないはずである。トップセールスマンの極意は暗黙知であり、本人ですらも、明示的に伝達することは難しい。講習を契機としてセールス実績をあげることができた人がいても、それは講師の話をきちんと聞いたからではなく、それを契機として自分で新たに顧客との対話を繰り返すという訓練を経て、暗黙知を獲得したからであろう。社長のリーダーシップもそうであろう。ビジネススクールを修了したからといって、すぐに優れた社長となるわけではない。また、一つの会社を成功に導いた人が、別の会社の社長となった途端に失敗する例もある。人を動かす術というのは暗黙知であり、その暗黙知は相手とする組織によって異なるはずだからである。

### 脳内情報処理の大部分は無意識の世界

近年は、磁気により脳機能を立体画像化するＭＲＩや光の照射により脳機能を画像化する光トポグラフィなどの機器が開発されたことにより、脳を外科的に切り開かなくても脳内活動の状況を計測することが可能となっている。その結果、脳内の情報処理過程が詳しく計測されるようになっており、脳内の情報処理の大部分が無意識の世界で進行していること、そのほんの一部分が意識として自覚されるということが明らかになっている。

ポランニーは、「我々は語ることができるより多くのことを知ることができる」と述べたが、実際には、我々は、無意識の世界のほんの一部分を知っているにすぎないのである。

## ② 暗黙知の伝達に関する戦略論

前節は、明示的な世界にとらわれがちである教員養成の世界へアンチテーゼを示したいがために、無意識の暗黙知の世界の存在を強調した。この主張は危険な側面をはらんでいる。明示的な知識の伝達が実践的な力量に寄与できる領域がわずかであるとすれば、勉強してもさほど意味がないと開き直る人が出てくる可能性があるからである。したがって、暗黙知を獲得するための適切な努力の仕方が明らかにされないといけない。

たとえば、脳科学がさらに進展したならば、我々が自覚できない暗黙知に関する脳内の情報処理過程を明らかにすることも可能となるであろう。そうすれば、いかなる経験や訓練の機会が暗黙知の獲得に有効であるかという戦略も科学的に実証することができるはずである。しかし残念ながら、その構想が実現できる日はかなり将来のこととなりそうである。現在の技術においては、ＭＲＩで測定できる最小単位は三ミリ四方であり、そのなかには脳細胞が二〇〇万個存在している。現在の技術では二〇〇万個の脳細胞の活動を一括して測定せざるをえない。さらに、脳内における情報処理の状況を観察するためには、動的な計測も必要となる。たとえば、あるものを見た五〇ミリ秒後は大ざっぱな把握しかしていないが、一〇〇ミリ秒後には認識活動が開始されることがわかっているものの、その経過をＭＲＩで計測することはできない。脳科学はずいぶんと進展しつつあるものの、暗黙知の獲得戦略に有効な知識を提供するまでには至っていない（二〇〇一年一二月理化学研究所脳科学総合研究センター田中啓治氏インタビューによる）。

そこで、暗黙知をＭＲＩのような先端技術を使用して測定する試みはとりあえず自制することとし、我々が通常認識できる範囲で、暗黙知を伝達する戦略について考えることとする。

## 暗黙知を明示知として広める

経営学者の野中郁次郎氏は、家電製品の開発において、暗黙知を明示知とする過程を分析している。家電製品は、それまで人間が行ってきた作業を、機械に代替させようとする発想で開発されたものが多い。洗濯機、掃除機、炊飯器などはその典型であろう。炊飯器では、おいしい米の炊き方を科学的に分析し、火加減をコンピュータ制御している。おいしい米の炊き方は、料理人の暗黙知であった。駆け出しの料理人は先輩の料理の仕方を見よう見まねで覚え、獲得したのであろう。料理人の暗黙知となっていたおいしい米の炊き方は、釜の中の温度変化を測定し、それを再現させるような火加減を電子制御すれば可能となる。このような手法が、暗黙知を明示知とするものである。

米の炊き方という暗黙知を明示知とする方法が容易に考案できたのは、操作対象の要素が米、水、火加減と少なかったからである。しかも、厳密には炊飯器の開発で明示知化されたのは、料理人の暗黙知ではない。料理人の暗黙知を通して実現されている釜の中の温度変化を再現しただけである。このように、暗黙知をダイレクトに明示知とすることはできないものの、温度など明示知化できやすい他の要素を発見することにより暗黙知による効果と同じような効果を得ることができる。

そのような工夫が、パン焼き器の開発過程でも見られる。パンを焼く工程は米を炊く工程よりも複雑であり、生地を練り、発酵させて、焼き上げる段階に分かれる。発酵と焼き上げは、炊飯器と同様に温度変化を再現させれば容易にできようが、炊飯器と異なるのは、発酵温度は室内の気温との関係が大きいため、パン焼き器の温度調節は炊飯器よりも複雑となる。それでも温度調節自体はコンピュータ制御システムの性能を高めることで対処できた。開発チームが直面したのは、生地を練る暗黙知を明示知化することであった。当初製作されたプロトタイプのパン焼き器は、外側を焼きすぎ、中のほうが生焼けになっていた。その原因を探るべく、開発チームのスタッフは熟練パン職人に弟子入りした。弟子入りしたスタッフは、同じ材料で同じ釜で焼き上げるパンが、自分と熟練パン職人とでまったく異なることに当初驚いた。やがてスタッフは職人の作業を観察し続け、自分と熟練パン職人のいちばんの相違点が、生地の練り方にあることに気づく。それでも、どう違うのか、どう練ればうまくいくのか、開発スタッフにもパン職人にもわからなかった。生地の練り方はパン職人の暗黙知であるから、職人自身もうまくことばで説明できない。それでも、パン職人の練り方を観察したスタッフは、「ひねり伸ばし」ということばを使ったり、パン生地を練るへらの強さやスピードを「もっと強く回転させて」「もっと速く」などのあいまいなことばで表現することはできた。観察スタッフのことばを伝えられた技術スタッフは、器械の仕様を調整したり、容器の形状を変更したりしてそのことばのように練りの工程が再現できるよう工夫し、試行錯誤を約一年続けた末に、ようやくパン焼き器は完成したのである。

パン焼き器の開発過程で、パン職人の練りの暗黙知は、パン焼き器の中で生地を練るへらの強さとスピード、ひねり伸ばしを実現する容器の形状というかたちで明示知となった。このようなかたちで明示知が明らかになったパン焼きの技術は、容易に伝達できるものとなり、大量生産が可能となった（野中・竹内 一九九六）。

向山洋一氏は、雑誌論文の中で、跳び箱指導について次のように説明した。「跳び箱が跳べない子は、腕を支点とした体重の移動ができないため」であり、(A)跳び箱をまたいですわらせ、腕に体重をかけさせて跳び降りさせる。「跳び箱を跳ぶというのは、このように両腕に体重がかかることなんだよ。」と説明する方法、(B)跳び箱の横に立ち、走ってくる子の腕を片手でつかみ、おしりを片手で支えて跳ばせる方法、の二つの方法を使えば、短時間で跳び箱の指導に成功する(向山 一九八〇・六)。

向山の雑誌論文により、多くの読者から「自分も跳ばせることができるようになった」という反応があった。向山が開発した跳び箱指導の方法は、パン焼き職人の暗黙知を明示知化したパン焼き器開発チームの行為に似ている。パン焼き職人を観察したスタッフは観察の末に職人の暗黙知をそのままに明示的に表現できたわけではなく、「ひねり伸ばし」「もっと速く」「もっと強く」などのあいまいなことばによって伝達するしかなかった。向山による跳び箱の指導方法の記述も、「腕は点ではない」という批判や、向山の指導法には跳び箱を跳び終える際の箱の「突き放し」の説明がないなどの批判が成立しうるものの、跳び箱の指導技術という暗黙知が伝達されている以上、戦略的に有効なことばであるといえる(小笠原 一九八三・一、宇佐見 一九八三・五)。

このように、教師の暗黙知を明示知としたり、媒介的なことばを通じて暗黙知を獲得することが可能であることを示す事例は存在している。しかし、このような手法で獲得できる教師の暗黙知は、教師の暗黙知全体の中のどの程度であろうか。パン焼き器はパンを焼くことはできても熟練したパン職人の焼く技術を凌駕することはできないであろう。法則化された教育技術を身につけた教師は初歩的な技量は身についているであろうが、ベテラン教師の授業に匹敵する授業を展開することは難しいであろう。我々は、暗黙知を明示知化する以外の暗黙知の獲得戦略を考えなくてはならない。

## 暗黙知を暗黙知のままに伝承する

能、狂言、茶道、華道などの伝統芸能は、ほとんどが暗黙知であることをあらためて説明する必要はないであろう。伝統芸能を明示的に解説することができるのであれば、教科書を読むだけで芸を習得できるはずである。伝統芸能は教科書に表すことができない暗黙知であるから、師弟関係という特種な教授形態の中で継承されている。伝統芸能の継承にあたっては、「一器の水を一器に一滴も漏らすことなく移すがごとく」受け継がれることが目指される。また、芸の継承にあたっては、表面的な技能のみを伝達されたことをもってよしとはしない。弟子は表面的な技能を習得するだけでなく、技能の背後にある「世界」に身体全体で潜入することができるようになったとき、初めて芸を習得したと見なされる（生田 一九八七）。弟子が芸の世界に身体全体で潜入した状況とは、すなわち、弟子が師匠と同様の暗黙知を獲得した状況といえるであろう。

伝統芸能の伝承は、家制度の中で親子間のみで伝承される形態から、師匠が複数の弟子を持ちその弟子がさらに複数の弟子を持つことを許すことにより芸の保持者が拡大していく形態まで多様にあるものの、一対一の師弟関係の中で芸能が教授・継承されていく手法は共通である。

伝統芸能の継承において、弟子はまず師匠の芸を模倣することから始める。師匠は弟子に芸の内容について詳しく説明することは避け、比較的やさしい作品や演技の模倣に専念させている。また、伝統芸能の世界においては心の修業も重視されており、芸を極めようとする求道心や生活を律する規範が要求される。そのため、技能の教授の空間と日常生活の空間の境目が明瞭でなく、日常生活全体が修業ととらえられている。

師匠は、弟子に模倣すべき芸を伝授し、弟子の訓練を見守ると同時に、弟子が成長して基礎的技芸の模倣から跳躍し、独自の技芸を創造していく機を見極めなくてはならない。師匠が弟子を見極めるためにも、弟子が師匠の芸の世界に潜入するためにも、師弟は人格的なつながりが求められ、内弟子のように生活空間を共有する制度もある（安部　一九九七）。

本書の視座から伝統芸能の継承方法を見るならば、暗黙知を伝達すること、獲得することは生活空間の共有や生活全体で取り組む修業が必要と考えることもできる。職業としての伝統芸能の習得のためであれば、それだけの労力をかける意義もあろうが、教師にとっては、通常の生活スタイルを変えない範囲での暗黙知の獲得方法が望まれる。

伝統芸能の継承過程から我々が学ぶことができるのは、近代学校教育や教員養成で軽視されがちな教授方法である模倣や繰り返しなどのトレーニングの意義や、被教授者の個性を教授者が全人格的かかわりのなかで把握することの意義ということになろう。

## ③ 教師の暗黙知を獲得する戦略

教師の力量を暗黙知の視点から考えてみよう。教師に実践的力量を獲得させるための教員養成制度、現職教育制度はこれまで、前者は大学で、後者は任命権者である教育委員会が主に担ってきた。それぞれのプログラムは、講義主体であり、時代の変遷に応じてプログラムが改訂され、たとえば「教育原理」という講義が「教職の意義及び教員の役割」という講義に変わるような改革が行われてきた。しかし、「教職の意義及び教員の役割」という講義を聞いたことにより、教職の使命を自覚するようになるかという疑問については、さほど議論されていない。熱心に子どもと取り組んでいる教師たちに、なぜそこまで懸命に努力を続けるのか尋ねると、小さいころの担任の先生の思い出や優れた先輩教師、校長との出会いなどをあげる人は多い。大学で「教職が大事だ」と教わっても、教師の卵の心には響いていないのが大部分である。教師に必要とされる知識には、法令や教科内容の知識など、明示的に理解しなくてはならない知識は確かにあるが、子どもとどう接すべきかという知識の大部分は暗黙知のはずである。

近年の教員養成や現職教育に関する政策提言は、暗黙知ということばを使用していないものの、明示知に偏してきた既存の施策への問題意識を示している。

平成九年の教育職員養成審議会答申「新たな時代に向けた教員養成の改善方策について」は、

「実践的指導力の基礎を強固にする」ことを意図して教職に関する科目の充実を図り、「教職への志向と一体感の形成に関する科目」を新設したり教育実習を充実するなどの提言を行った。平成一一年の教養審答申「養成と採用・研修との連携の円滑化について」は、教職経験者研修等の現職教育について「選択制の導入、参加型の研修の導入等を基本的な視点として見直しを図ること」を提言している。

これらの提言を受けて、都道府県や政令指定都市の教育センターが実施する研修では、参加型の実践的な研修として、授業研究を取り入れる機関が少しずつ増えている。前章でも解説したように、米国でも注目されつつある授業研究という手法が、日本ではどのように成立し、現状はどのようになっているのかをあらためて見つめ直し、教師の暗黙知を育む授業研究のありかたを次の章で考察してみたい。

# 第五章　日本の授業研究が育む教師の暗黙知

## ①明治期から始まった授業研究

米国では、暗黙知の獲得を意識した研修手法が広まりつつあり、その延長線上に日本の授業研究がある。すなわち、日本の教師たちが無自覚的に実践してきた授業研究は、教師の実践的力量を育む非常に優れた手法なのである。

日本の授業研究は、その歴史を探ると明治期までさかのぼる。

稲垣忠彦氏（一九九五、一九九六）によると、近代公教育制度の導入と同時に、各学校では新教育を理解し、実践していくための校内研究体制が組織されていった。明治三〇年代には授業批評会というかたちで授業研究が各学校に制度的に位置づけられたものの、教則や国定教科書を前提とした定型的な教授法の流行の過程の中で、授業研究は、定められた教材をどのように伝達するかを目的とした、形式的、儀式的なものへと変質していった。また、授業研究を教師個人の創造的営みと見るよりも、学校の共同成果ととらえて、授業研究よりも校内研究という形式で実践される傾向が出てきた。それでも、子どもを軸としつつ教師の具体的な実践場面における選択、判断を鍛えていく授業研究も多くの学校で実践された。

授業研究や校内研究に関する著書は明治期から多数出版されている。

明治四一年刊行の加藤末吉著『教壇上の教師』では、「小学の教授は、教材の研究、教案の準備がどれほど周到であっても、これを教授する教師の身の上の修練が不十分で、実際の手加減がうまくいかなければ、とても、よい授業はできないものである」という記述や、福井師範教諭上田三平著の「教授法研究の過程」（雑誌『教育の実際』明治四二年一一月号所収）では、理論が実地には通用しないことが多いこと、他人の批評を受けることや、自己批評を通じて児童心理や教材の性質についての考察を深め、「各自自身のタイプを形成し、漸次工夫改良していったならば、所謂教授法は其人に依て独特の光を発し教授法は侵々として進むであろう」と、今日の授業研究に通じる見解が示されている（稲垣・佐藤 一九九六）。

昭和初年代に長野県師範学校の研究学級を担任した淀川茂重氏は「研究学級の創設と実情」と題して、当時の学校教育の実情と研究の必要性を次のように説いている。「教育は行きづまっている。教科目も教授時間も法によって規制され、教材の選択も分量も排列も国定教科書によって決定されている。だから、研究といえば、所定の教科は所定の時間にどれだけの教材を教授すべきか、それは如何にして可能であるかの範囲のほかゆるされていない（中略）それはどこに打開されてしかるべきであるか。児童の教育は、児童にたちかえり児童によって児童のうちに建設されなくてはならない。」（稲垣 一九九三）

著名な実践家である大村はま氏は、昭和の初めに教員になりたてのころ、放課後教室に残っていると、先輩教師から「さっさと帰って勉強しなさい」と声をかけられた。つまらない事務はやらせないようにし、教師として育つことに周りが気をつかっていたと大村は述懐している。大村が国語教師として自らの資質を磨いていく基盤として、教師の研究を重視する学校文化が存在していた（大村・苅谷 二〇〇三）。

山崎準二氏が静岡大学教育学部を卒業した教師を対象として行った調査によると、自らの教育実践や教育に対する考え方に影響を及ぼし、変化を生み出したと思われる事柄として第一に多くあげられているのが「校内での優れた先輩や指導者との出会い」であり、次に多いのは「教育実践上での経験」となっている（山崎 二〇〇二）。この調査結果も、日本の学校現場が、教師の力量形成の基盤となっていることを示している。

## ❷ 衰退しつつある授業研究の文化

日本の学校は、授業研究を核として教師相互の研鑽が教師の力量を育んできたといえる。米国でラーニングコミュニティやクリティカルフレンズなどの語で強調される学校を基盤とした研修の実践は、日本では一世紀以上も前から行われていると考えてよい。そのような日本の学校文化が、近年は残念なことに、衰退しつつある。

## 形骸化する授業研究

筆者がこれまでにインタビューした校長の多くは、彼らが若手教師のころは、もっと頻繁に授業研究をやったのに、最近は行われなくなったと語っている。採用二〇年め程度の中堅教師の話を聞くと、彼らが新人のころ、毎時間指導案を書き、授業研究を年数回実施していたのに、最近の若手はほとんど指導案を書く機会もなく、授業研究も実施していないという。その原因としては、教師の多忙化もあるものの、授業研究が形骸化し、意義が希薄になっていることも大きいようである。授業研究のために授業を公開することをためらう教師が増えている。そのため、他校から異動してきたばかりの教師や若手の教師に白羽の矢が立ちやすい。周囲の教師たちは、無理に引き受けさせたという認識があるものであるから、問題が多い授業でも、追究の手は緩くなり、些細な事実関係の質問や、表面的にほめるだけの感想にとどまってしまう。筆者が参加した授業研究でも、あいまいなことばでほめるばかりの感想が続く検討会が多かった。時折、厳しい批評を口にする参加者がいても、その批評者の主張に全体が流されてしまい、参会者全体の認識が深まらないまま終わってしまっていた。

形骸化した授業研究では、授業を公開する教師も伸びないし、参観する教師も意義を感じないものとなる。そのような授業研究であれば、単なる時間の浪費だと考えて廃止してもやむをえないであろう。同じような現象は、教師が学ぶあらゆる機会を通じて見られるようになっている。

## 形骸化する教育センターの研究

日本の教育センターの多くは、戦後、教育研究所として発足した。その名のとおり、教育研究を任務として発足した教育研究所は、数多くの研究成果を生み出している。多くの研究所が、年に一冊以上の研究紀要を刊行しており、そのほかにも地域の教育史編纂や社会科副読本等の教材を刊行している機関も少なくない。しかし、その研究成果は大学の研究者による研究成果に比べると、先行研究として引用される機会が少ない。教育センターの紀要を見ると、参考文献として記されているのは国（文部科学省）の刊行物であったり、大学の研究者の著書などであり、他の都道府県、市町村の教育センターの紀要が取り上げられるのはまれである。

教育センターの研究成果を発表する場とし

全国教育研究所連盟事業参加者の推移

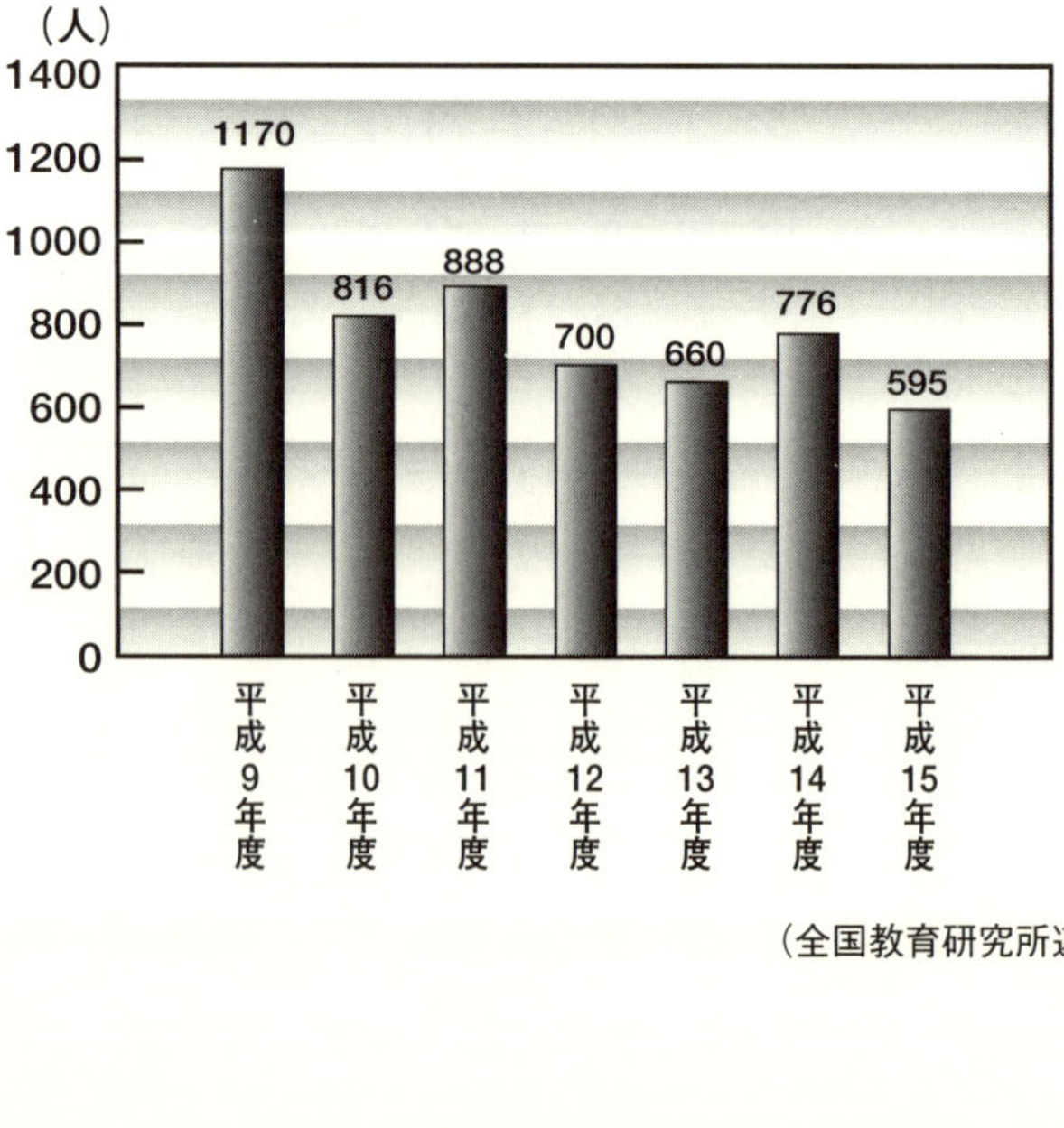


（全国教育研究所連盟調べ）

て、全国教育研究所連盟という組織がある。昭和二〇年代に発足した伝統ある組織であり、当初は年一回の研究発表大会の開催が主な活動であったのが、加盟機関の増加と研究活動の活発化により、研究発表大会の分科会を増加するとともに、研究発表大会とは別に共同研究や研究協議会を実施するようになった。連盟の各事業への参加者数の年間合計は、一〇〇〇名以上となる時期もあったが、近年は減少傾向にある。また、近年は、自主的な発表申し込みが少なくなり、開催担当機関から依頼を受けて発表する事例も少なくない。授業研究における授業公開に尻込みする教師が増えているのと同様に、研究発表に尻込みする教育センター職員が増えている。

その原因としては、大会に参加するための旅費が削減される傾向にあること、研究所の職員の研究環境が悪化していることが考えられる。

教育センターの職員は大学の研究者と異なり、大学院で研究者としての養成課程を経験していない者が多い。一部の機関で研究者として直接採用される定員枠が若干あるが（まったくない機関がほとんどである）、大部分の教育センターでは公立学校教員の人事異動の一環で職員となっている。そのような雇用形態であっても、かつては教育センターに長年勤務した結果、大学の研究者と遜色ない研究力量を身につけ、教育センターから大学に異動する職員もいた。

しかし、最近はそのような履歴を歩む教育センター職員はほとんどいなくなった。かつては五年以上教育センターに在籍する職員も少なくなかったのに、最近の教育センターは二〜三年で異動する事例が多くなり、最短では一年で異動している教育センターもある。多くの教育センター職員が、研究力量を形成する間もなく、学校に戻ることになっている。

短くなる在任期間と、その期間の中で実施できる研究も、所員の自由裁量による研究は比重が小さくなり、行政上の課題に即した研究テーマが、所員の研究力量を超えて設定されるようになっている。さらに、従来教育委員会が担っていた業務が教育センターに移管される傾向もあり、教育センター職員は多忙となっている。

そのような中で行われた研究の成果は、魅力に乏しいものが多い。多くの研究成果が、国の指導方針に追随し、現場の実態が捨象された形骸的な研究成果となっている。魅力ある研究発表が聞けないがゆえに研究発表大会への参加者数も減少するのであろう。

## 脆くなった教師たち

近年は、子どもだけでなく、大人の教師も叱られたり批判されることに脆くなっている。互いに顔色をうかがい合い、人間関係を壊さないように気をつかい合っている。

筆者が接する校長の多くが「最近の先生は勉強しなくなった」と嘆いている。理由の一つに、教師の勉強への意欲がなくなっていることがあげられる。教育書が売れなくなったと言われて久しい。

指導力不足教員として認定された教師を受け入れた教育センターの担当者の意見を聴取すると、「子どもとの関係が築けない」「自信をなくしている」「マニュアルを要求する」「自らの権利ばかりを主張する」などの意見が聞かれる。校長たちの意見を聴取すると、このような傾向が当てはまる教師は多い。教員採用試験の倍率が高くなってから採用された教師は、おおむね学力は高いものの、子どもとの関係や校内の人間関係でトラブルを生じることがある。おそらく、社会の発展に伴い、脆い教師が増えているのであろう。

教師の勉強への意欲が欠けてきている傾向の背景には、多忙化も関係している。ある校長の話では、学校に回答が求められる調査は、年間五〇〇件を超えているとのことである。信じられないことであるが、学校で受信簿を作成しているのでまちがいはないらしい。子どもの問題行動への対応に追われ、保護者からのクレームも増えている。さまざまに通知される教育改革への対応にも時間をとられる。ある教師は、忙しいときに時間を削る第一の優先順位は、授業の準備であると語っていた。教育委員会への提出書類や校内の事務作業の遅れはすぐに指摘を受けるのに対し、授業の準備に手を抜いても子どもにはわかりにくい。かくして、勉強よりも目の前の課題に対応することに追われる教師が増えている。

## ③ それでも存在する勉強熱心な教師、元気のいい学校

ここまで教師のネガティブな現象ばかりを叙述した。近年は、このような教師のネガティブな側面は拡大する傾向にある（そうであるからこそ、国民の教育不信がある）。しかし、視線を転ずれ

ば、いたるところに勉強熱心な教師や、元気のいい学校は存在している。

## 地域の人たちが生き生きと活動している学校

千葉県館山市の北条小学校は、戦後の新教育課程ブームの中で、学校独自のカリキュラムである北条プランを編成するようになり、現在まで学校独自のカリキュラム編成を続けている学校である。北条小学校の中にはカリキュラム管理室があり、月別のカリキュラムがプラスチックトレーごとに整理されている。教科×学年×一二か月のトレーが並んでいる光景は壮観である。北条小学校は北条プランを冊子にまとめており、現在は第Ⅸ訂版となっている。学校の教員は、トレーから当該月のカリキュラムを取り出して、学年会で検討しながら指導案を作成し、授業実施後にはカリキュラムの課題を書き込んでトレーにしまう。そのサイクルの繰り返しが、次のカリキュラム改訂につながっている。筆者は、そのカリキュラム管理室の様子を見るため、北条小学校の研究発表会を見に訪れた。授業の様子そのものは、他の学校でも見ることのできる（もちろんレベルの高いものである）内容であったが、筆者の目を引いたのは、教室外で活動する子どもたちの姿であった。校内を案内する子どもたち、公開授業の様子をデジタルカメラで撮影している子どもたち、授業終了後の教師や参観者にインタビューする子どもたち、取材の成果を新聞にして、参観者に配る子どもたち……。六年生の子どもたちは、発表会の一日全体を総合的な学習の時間として校内を駆けまわっていた。

北条小学校の研究発表会で、もう一群、生き生きと働いている人たちがいた。筆者が子どもたちに新聞作成の方法などを尋ねていると、それをそばで見守っていて、適宜助け船を出してくれる人がいる。そのかたは学校の教師ではなく、地域のボランティアだった。そのようなボランティアが研究成果の冊子の配布や会場受付などいたるところで活躍している。地域ボランティアは、学校のパソコンルームでパソコンの操作を指導する役割も担っている。北条小学校のパソコンは、企業が廃棄したパソコンを学校に斡旋するＮＰＯから譲り受けたものである。そのＮＰＯの存在を調べ、譲り受けたパソコンを学校に設置し、ＬＡＮ回線で結ぶ作業のほとんどをボランティアが行っている――そのような説明を、筆者はボランティアのかたから受けたのだった。

## 危機に立った学校の再生

転退学者が三割近かった高校が、カリキュラムを中心に学校改革を行ったところ、転退学者が激減して一％未満となった学校がある。神奈川県立大井高等学校は、昭和五八年に新設され、生徒の急増期には生徒数、進学実績、部活動等で他校を圧倒した時期があった。しかし、生徒の減少期と合わせて目的意識を持てずに学校生活を送る生徒が増え、進路変更する生徒が年間数十人となり、入学生の定員割れも起こるようになった。そのようななか、目的意識を持った生徒が大井高校を目指してほしいと考える一部の教師によって学校改革の機運が芽生え、推薦入試制度導入、福祉科新設、地域との交流、習熟度別学級編成の導入、シラバスの作成など、新しいカリキュラム改革を次々に実行していった。改革の過程では校内の教師の抵抗もあったものの、やがて全教員が一体となって取り組むようになっていった。

福岡県立城南高校は、進路指導の改革を行ったことで有名である。城南高校は福岡県内の進学校として位置づいているものの、一時期、受験指導に力を入れるようになった私立の進学校に生徒を奪われそうになっていた。そこで、学校を活性化するために理数科コースを新設したり、野球部を創設したり、生徒の海外留学への補助制度を創設するなど、校長が中心となって新しい改革に取り組みだした。城南高校の改革が軌道に乗りだしたのは、平成六年度に当時の校長がやる気のある若手の教師を学年主任と進路指導主事に抜擢し、二名の若手教師が新しい理念による進路指導方法を開始し、それによって生徒の大学合格率が躍進したところによる。城南高校の進路指導は、生徒に職場体験等を通じて就きたい職業のイメージを明確化させ、その職業に就くための学部を選択し、最後にその学部を開設している大学を選択するという手法である。生徒は一年生の時から徐々に進路志望を明確化するための学習を総合的な学習の時間等を通じて行い、修学旅行では志望する職業に関係する企業等を訪問している。そのような進路指導の取り組みにより、四年の間に国立大学合格者が二・五倍にまで上昇した。

## 自主的グループ活動と行政組織の融合

さいたま市立教育研究所は、所の共同研究を現場教師と連携して進めている。研究に協力する現場教師は、研究所の指導主事が自ら探し出してくる。さいたま市では、市内の教師が自主的にグループ研究を実践しており、勉強熱心な教師の有志が集まって勉強している。教育研究所の指導主事や力量のある校長はグループ研究の指導者としてかかわっており、教育研究所の共同研究のメンバーは、グループ研究の交流の中で、指導主事が人選している。事実上、教育研究所の共同研究はグループ研究の発展として位置づいており、参加者の力量も意識も高いものとなっている。

さいたま市のように、教育センターが中心となって教師の自主的研究グループが形成されている市町村や都道府県は多い。福岡市教育センターではグループ研究と称して、現場教師を協力者として毎週一回教育センターに集めて研究を推進している。福岡市内では、附属学校出身とグループ研究出身ということばは、ハードな勉強を経験した教師という意味で使用されている。京都市総合教育センターは、夜間九時まで開館しており、夕刻から閉館までは、市内の自主的研究グループが教育センターの会議室を使用して研究会を開催している。教育センターは場所を提供するだけでなく、自主的研究グループに補助金も支出している。東京都では、都内の教員約五〇〇名が教員研修センターの教育研究員となり、学校で勤務しながらグループ研究に従事している。月一回の会合に参加し、指導主事などの指導のもとで実践研究を行う。都の教職員研修センターで研究員として勤務する人材のほとんどが教育研究員の経験があり、実質的に人材登用の土壌になっている。

## 教師を鍛える研究校

附属学校での勤務が教師の力量向上に寄与する側面も無視できない。ある教育大学附属学校に勤務した教師は、睡眠は連日三～四時間で、近距離に自宅があるものの、学校内に寝泊まりし、もっとも忙しい時期には教卓で寝ることもあったとのことである。それだけの厳しい教材研究と指導案作成をめぐる協議を通じて、授業者としての力量を形成している。

国や都道府県、市町村からの研究指定を受けた場合、ともすると発表会に向けた作業ばかりが学校の負担になるという声を聞く。東京都東久留米市立第一小学校では、校長の方針で東京都の研究指定を受けて、校内の有志の教師グループに研究をゆだねた結果、引き続いて研究指定を受けたいという声があがるまでになった。校長が常に経営理念を語り続けるほか、学校行事等で率先垂範して動くなかで、校内の教師のやる気が徐々に高まっていったらしい。志気の高い教師集団ができたとき、研究指定を受けて研究するという行為は自発的な学習過程になるといえそうである。

## 勉強熱心な教師たち

東京や大阪では、民間団体が主催する有料の講習会が開催される機会が多い。その講習会に集う参加者を見ると、自費で遠方から参加している教師が少なくない。また、教育センターが提供する参加が任意の研修には、相変わらず多くの教師が集まっている。最近は教師の研究機会を求める声に応じて、土曜日に研修講座を開設する教育センターも増えている。

勉強熱心な教師は多いものの、それは各学校や各県で最上位に位置する一部の教師に限られているのであろう。全国の小学校から高校までの教師は一〇〇万名近くになる。一部の熱心な教師は変わらず本を読み、研究会に参加しているものの、多くの平均的な教師は、本を読まなくなり、研修にも参加せず、校内の授業研究への参加意欲も薄れてきていると思われる。そのために多くの校長が「最近の先生は勉強しなくなった」と嘆くのであろう。少数派になりつつある勉強熱心な教師たちの勢いを増すことが必要である。

## ④ 経験則としての授業研究

米国は日本の授業研究に注目しつつあるのに、皮肉なことに、当の日本では、授業研究は衰退しつつある。授業研究や校内研究を実施している学校は多いし、授業研究の意義を認める教師は多い。それなのになぜ、授業研究が衰退しつつあるのであろうか。

日本の教師にとって授業研究の位置づけは、食事を例にとればわかりやすいかもしれない。手間ひまをかけてつくった料理が体によいとわかっていても、つい日常の忙しさに流されてファストフードで食事をすませる人は多い。偏った食生活はすぐ体調に影響しないだろうが、長い年月の末には容易に回復できない体調不良をもたらすこととなる。授業研究が教師の力量向上に有効だと知りながらも授業研究を行わない教師も同じことである。教師として鍛える機会から逃げ続けていると、ある日、きちんと鍛えた若手教師との力量の差にあぜんとすることとなる。

食事の栄養素は、すでに科学的に解明されており、三度の食事をきちんととっていても、ビタミンが欠けたり、カルシウムが欠けたりすれば、病気になったり、健全な成長が滞ったりすることを我々は明瞭に説明できる。ところが、教師に必要な栄養素はどうであろうか。教育職員免許法や各都道府県教育委員会が策定している教師の年次研修計画では、養成段階で必要な力量、採用段階で必要な力量、経験者年数別の研修課題が示されているが、それらの力量を獲得するための具体的なカリキュラムは提示されていない。

栄養学の観点から食事のありかたが明瞭に示されていても、きちんと食事をとることができない人は多い。ましてや、授業研究の意義が明瞭に説明できない状況において、授業研究に取り組まない教師が多くいても、あまり批判はできない。

筆者が米国で参加した全米教育学会における授業研究（レッスン・スタディ）分科会では、発表者（日本人）に対しフロアから「授業研究で得られる知識は何か」という疑問が投げかけられていた。発表者は、授業研究で獲得されるのは「認識能力」だと答えていたが、質問者は納得した顔をしていなかった。筆者がウィスコンシン州立大学の大学院のゼミで日本の授業研究について説明した際にも、ゼミ生から同様の質問を投げかけられた。米国社会が目に見える知識の獲得状況で人の能力を判断する傾向が強いという状況を勘案しても、授業研究の効用に幾分かの不安を抱きながら、ブームであることを理由として授業研究に取り組んでいるようである。平均寿命が長い地域の食生活に他地域の人々が注目するのと同じような感覚で、日本の授業研究に米国の教師たちが注目しているのが現状であろう。

授業研究の意義を否定する教師はほとんどいない。しかし、授業研究を通じて得られる力量を明瞭に説明することができないため、授業研究はこれまで、教員研修体系に明確に位置づけられることはなかった。それでも、日本のいたるところで、授業研究を活性化するための新しい試みが展開されている。

## ⑤ 授業研究の新しい方法論

通常の授業研究は、一つの授業を参会者全員で参観し、授業後に参会者と授業者で討議するかたちで進行する。授業を公開する授業者は、いわばまな板の上の鯉となる。自分の教材観、指導観、授業の技量、子どもとの関係など、すべてが他の教師たちにさらされることになるわけであるから、大変なプレッシャーであろう。そのため、授業を公開することに尻込みする教師は多いし、勇気をふるって授業を公開した教師に厳しい批評を投げかけることに躊躇する教師も多い。

互いに牽制し、互いに気づかう教師文化の中で、授業研究が表面的なものとなり、衰退する傾向も見られる。筆者がこれまで参加した授業研究会には、授業者の力量が高いにもかかわらず、参観者に見せることを意識して、子どもの追究が甘くなってしまった授業、授業に多数の問題点がありながらも、参会者からは賛辞のことばしかあがってこない事後研究会、参会者の間で見解の相違がありながらも、その相違を追究することなく終わってしまう事後研究会など、多数の問題点が見られた。

授業研究会を成立させること自体に苦慮する校長も多い。授業を公開したがらない教師、多忙を理由に授業研究会に参加することを拒む教師——授業研究会に対する阻害要因は、完全学校週五日制が施行され、月曜から金曜日までの勤務時間が長くなる傾向にある教育現場でいっそう拡大しつつある。そうであるから、なんとか成立させた授業研究会に対し、参会者の多くは腫れ物に触るように、あるいは単に儀式を早く終えるように、表面的な賛辞のことばで授業研究会の時間を埋めようとするのであろう。

しかし、時代の変遷とともに子どもが変わり、保護者が変わり、既存の授業方法が成立しにくくなっている今日において、授業研究こそが、教師の実践的力量を育むために求められる研修方法である。教育改革による多忙を理由に授業研究の機会が少なくなったり、表面的な討論で授業研究の有効性が失われゆけば、学校現場の教育力が衰退することは避けられない。

参会者に人を得ることができれば、授業研究会は既存の手法で十分活性化するであろう。しかし、変質しつつある教育現場で授業研究会の効果を確保するためには、旧来型の授業研究とは異なる新しいスタイルの授業研究会が求められる。次に紹介するのは、近年開発され、それぞれの実践現場で効果をあげている新しい授業研究の手法である。

### ビデオ記録を活用した授業リフレクション

静岡大学教育学部附属浜松小学校では、授業のビデオ記録を活用した授業の振り返り（リフレクション）を実践している。授業者は授業のビデオ記録を視聴しながら、自分で気になる場面があったらその場面をストップし、その時の自分の考えや感情、とった行為を説明する。事後的な反省でなく、その場面での自分の内面に忠実に報告する。

授業の振り返りを行う際には、仲間を一人同伴させる。仲間は、授業者の説明を聞きながら、授業者が自分の内面に注意を向けるよう促す。授業リフレクションの場面は、ビデオまたは音声テープで記録し、場合によっては文字記録に起こす。文字記録を作成する際には、自分が知覚した場面、その場面における自分の解釈、感情、自分の判断、行為を分けて記述する。このような授業リフレクションを通じ、教師は子どもの見方を再構築し、さらには自分自身についての見方も再構築していく（藤岡 一九九八）。

### 授業カンファレンス

稲垣忠彦氏は、医師が病院で臨床の事例に基づき、その事例に対する参加者各自の診断をつき合わせて論議するカンファレンスに範を求め、教育の実践においても事例に即して検討を行うカンファレンスを提唱している（稲垣一九九五）。

稲垣の方法は、二つの授業をビデオで記録し、それを研究会の場で見て、参会者がコメントすることで進行する。二つの授業は、同一学年の同一教材に基づく授業とする。同じ教師による同じ教材の授業でもいいし、同じ教師の一年おきの授業の比較でもいい。同じ教材を若い教師とベテラン教師が授業したものでもいい。研究会の場では、二つの授業ビデオをグループで見て、二つの授業を比較して気づく特徴を発言していく。最後に、授業者が、参会者から得られたコメントにより、自分が実践への知見をどのように広げ、次の課題を明らかにしたかを述べてカンファレンスは終了する。授業者に余裕がある場合には、授業者の内的過程のコメントなどを付記した授業記録を作成し、ビデオと授業記録をもとに授業を分析する。授業の分析は授業者の分析に加え研究者による分析を加えるようにする。また、その授業において子どもが学んだことは何かをとらえるための調査を行い、それらを総合して授業者がコメントを記す。

このような過程を通じ、授業者、参会者ともに、自分が気がつかなかったことや、同じ事実に異なった解釈があり、それぞれが十分に根拠を持っていることに気づいたり、他者のコメントに触発されて自分の考えを発展させることができる。

## カード構造化法

藤沢市教育文化センターでは、藤岡完治氏、井上裕光氏（一九九三）が開発したカード構造化法をベースに、授業者が自分の授業を効果的に振り返るための手法を創出している（山中・目黒　二〇〇二）。藤沢市のカード構造化法は、教師がビデオで記録をとりながら授業を行い、授業後に自らビデオ記録を視聴した後、授業の中で思ったことや感じたこと、見たことやわかったことなどをすべてカードに書き、そのカードを構造化していくことで授業を振り返るものである。

まず最初は、授業者が授業全体の印象を単語あるいは単文で表現してラベルに書き、大きめの紙の上部・中央に張る。次に、授業の最中に感じたことや考えたことを、一枚一項目でカードに書いていく。書き出したカード

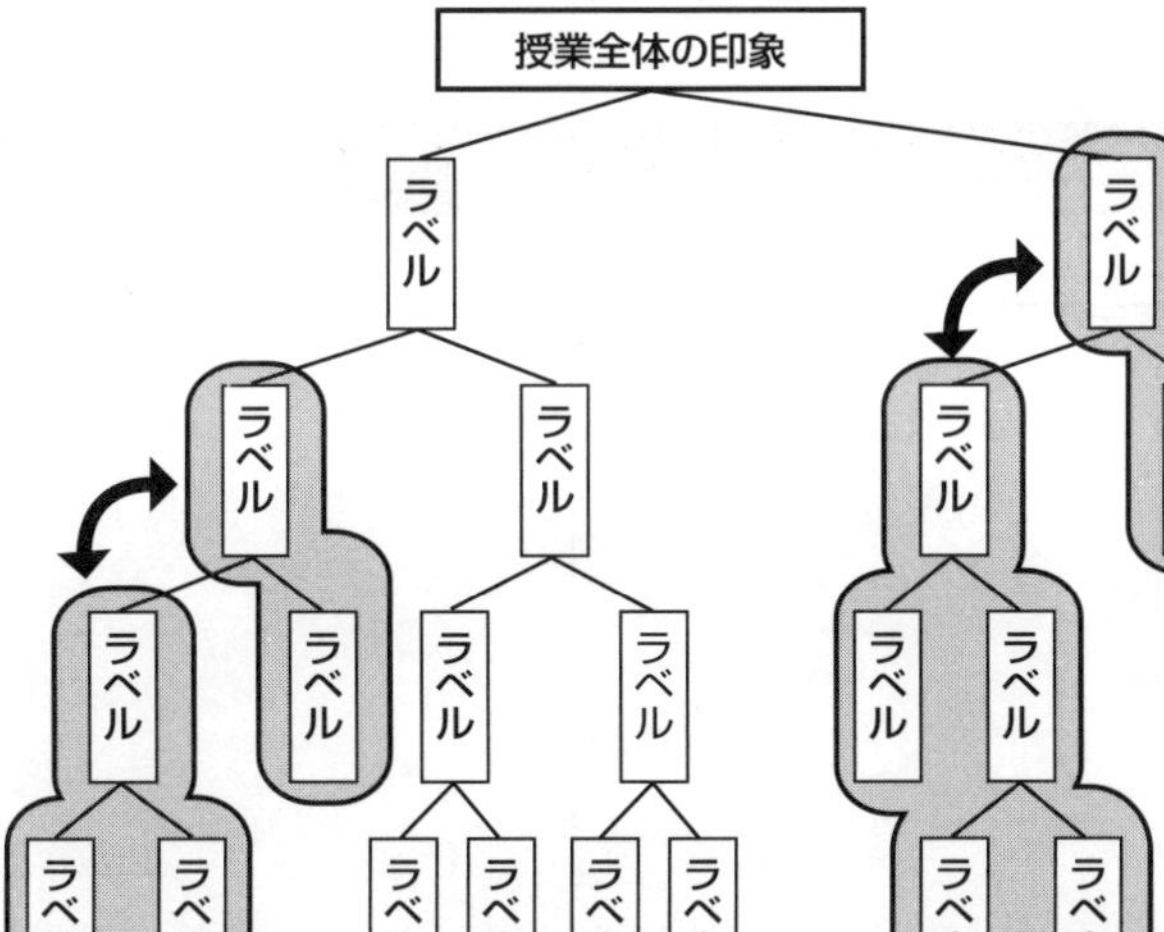

は、裏返しにしてよく混ぜたあと、似ているか、似ていないかという観点で二つの山に分けていく。次に、それぞれの山をさらに二つに分けていき、それぞれのカードの山を表すラベルを書き、最初に張ったラベルの下に張っていく。この作業を山をこれ以上分けられないと思うまで続けると、図のようなラベルのツリー図ができあがる。

ツリー図ができあがったら、ラベルをグループ化したり、対応する箇所を線で結んだりしながら構造化し、第三者に授業を説明する。説明を受ける人は、授業者の授業の振り返りを促進することを意図しながら説明を受け、適宜質問を投げかける。このような手順により、授業者は自らの授業への認識を深めることができるとのことである。

**藤沢市教育文化センター教育実践臨床研修講座における振り返りシート**

| 私に経験された授業 | | |
|---|---|---|
| 時間 | 事　実 | 解釈・感想 |
| 10分<br>20分<br>30分<br>40分 | | |

## 振り返りシートを活用した授業研究

藤沢市教育文化センターが実施する授業研究セミナーでは、研究員が公開する授業に集う参会者に「振り返りシート」が渡される。振り返りシートには参会者が観察した事実と解釈・感想を記入するよう要請される。参会者は授業の間は「事実」の欄のみを記入し、授業後約二〇分程度かけて「解釈・感想」の欄を記入する。討議の最初は、司会者が、討論の進め方について、授業者を一方的な姿勢で批判するのでなく、授業者とともに授業をよりよくしていくための討論となるよう、参会者に理解を促す。振り返りシートに「私に経験された授業」と記されているのは、参加者それぞれが気づいた子どもの事実や子どもと授業者のかかわりなどを出し合うことにより、他者との違いや授業の多様性に気づくとともに、一人一人の子どもに経験されていた授業の事実に接近することを目指す意図を表現している。セミナーの意図を確認した後、授業者から本時の指導意図が説明され、時系列に従い、観察された事実に基づいて討議が展開される。

筆者が参加した授業研究セミナーでは、参会者は皆活発に発言していた。発言のなかには、授業者の指導観と正反対の指導観を表明したり、それに対する授業者の反論や、授業者が説明が足りなかった指導意図を別の教育センター研究員が補足説明したり、建設的な視点の構築へ向けた司会者のコーディネートの努力など、高いレベルの討論が展開されていた。

# 第六章　広がる教師の応援団

教師に実践的な力量を身につけさせる有効な手法としての授業研究に米国が注目しつつあり、日本では残念ながら衰退する傾向が見られるものの、一部で新しい授業研究の方法が試みられている流れを前章まで見てきた。

本章では、現在の日本で、学校現場が授業研究を含めた教師の実践的力量を高めようとする試みをサポートする体制が広まりつつあることを紹介する。

中央教育審議会が地方分権の答申を出した平成一一年ころから、全国の教育センターは大きな転換期にさしかかっている。これまでの教育センターは、研究や研修のサービスを提供する対象を都道府県内、市町村内の教師集団としていたが、近年は個々の教師を対象とするように変質してきている。個々の教師が授業研究などの実践的な研修で自らを高めたいという欲求に応じて、教育センターがきめ細かな支援を提供するようになっている。

さらに、教育センターという公的な機関以外にも、民間企業、ＮＰＯ、大学、地域社会の人々などが学校や教師を支援したいと考えている。

これらの動向は、残念ながら多くの教師には知られていない。多くの教師は時代の流れを被害者意識でとらえており、よりよい授業を展開するためのリソースが世の中に増えている事実に気づいていないし、それらのリソースを有効に活用すれば、今よりももっと効率的に質の高い授業を提供することができることに気づいていない。本章で紹介するリソースは実際に存在するリソースのほんの一部であるものの、教師が自分の身近にある応援団としてのリソースを探す際の指針になるであろう。

## 1 教育センターの変貌

### 教育センターに向けられる厳しい視線

教師が研修する場として、各都道府県に教育センターが設立されている。第二章で紹介したように、日本の教育センターの施設とスタッフ数は、米国と比べて非常に充実している。ところが、人的にも物的にも充実した研修施設が提供する研修プログラムの評判はそれほど芳しいものではない。「講義主体で、講師がおもしろければいいが、そうでない場合は受講するのがつらい」「なんでこの忙しい時期に学校を抜け出して受講しなくてはならないのか」という声が聞こえてくる。教師に対するアンケート調査でも、勤務校での教師間の関係が力量向上に役立ったとする回答は多いが、教育センターの研修講座の受講が役に立ったとする回答は少ない（国立教育研究所 一九九六）。

教育センターの多くは、研修ごとに受講者アンケートをとっており、その結果を次年度の研修策定に活用している（全国教育研究所連盟が平成一六年度に実施した調査によると、都道府県・政令指定都市立教育センターの九三%が受講者評価を実施している）。教育センターが提供する研修プログラムの多くは外部講師に頼っており、受講者アンケートの結果、外部講師の人選が見直されることはあるものの、外部講師に講義内容の改善を求めるのは難しい。教育センター職員が講師となる研修に関しては改善の余地があるが、近年は教育センター職員の在任期間が短くなる傾向にあり、講師としての力量が高まった時期に異動することとなる。

教育センターの多くは、改善に向かって努力しているが、その効果に疑問符がつけられている。そのような状況に加え、行政改革と教育改革の波が押し寄せており、教育センターは業務内容の改革を迫られている。その方向性を一言で表すならば、集団志向の一斉指導（レディ・メイド）から個別志向のサービス（オーダー・メイド）への流れといえる。研修を受講するために教育センターに集まった教師たちに一斉に講義形式で知識を伝達する手法から、個別の課題を抱える教師に教育センターの職員が個別に相談に応じる手法に転換しつつある。また、教育センター職員が学校からの要請に応じて校内研修の講師として出向く事例も増えている。これまで教育センターは、教師を上から眺めて叱咤する場面が多かったが、同じ視線から現場を眺め、教師の応援団になろうとしている。

## 教育センターの歴史

日本の教育センターは、大学の教育学部と同様の歴史がある。

戦後の我が国の教育のありかたについて審議した教育刷新委員会は、その第一回報告（昭和二一年一一月）において、「教育の理念及び教育基本法に関すること」と並び、「教育行政に関すること」として、地方教育研究所を設置すること、地方教育研究所は教育に関する調査研究を行い、その成果を教育当局に勧奨することを提言した。

文部省は昭和二二年三月に「教育研究所開設に関する件」通知を行い、「教育研究所は、教育の目的・内容、方法、及び教育調査・教育測定等についてその原理と実践とにわたって研究し、その研究と実証的成果とをもってあまねく教育にたずさわるものに対して有益な指導と助言とをなし、それによって教育の地についた進歩発達を図ることを目的とする」として、職員構成、事業内容の参考案を示した。

昭和二三年一二月に全国教育研究所連盟が発足している。発足当初の加盟機関数は二七機関であったのが、平成一六年度には二五六機関が加盟するまでになっている。都道府県の機関はすべて加盟しているものの、市町村立の機関には加盟していないものもあるため、おそらく三〇〇機関以上の教育研究所や教育センターが全国に設立されているものと思われる。

昭和二〇年代に教育研究所として設立された機関は、その後、昭和三〇年代に教育公務員特例法で任命権者である都道府県、政令指定都市が研修のための施設を設置する努力義務が規定されたこと、地方教育行政の組織及び運営に関する法律で「教育に関する専門的、技術的事項の研究又は教育関係職員の研修、保健若しくは福利厚生に関する施設その他の必要な教育機関を設置することができる」と規定されたことなどを受け、各都道府県・政令指定都市の教育研究所は研修機能を併せ持つようになり、名称も教育センターと称するようになった。また、理科教育産業教育振興法により設置された理科教育センターや情報教育センターと合併し、総合教育センターとなる教育センターも増えている。

施設設備が充実した日本の教育センターは、研究と研修を組織の二大目的として活動してきた。ところが、近年はその活動の内容に変化が見られるようになっている。

## カリキュラムセンター機能の展開

平成一三年に都道府県指定都市教育研究所長協議会（二〇〇一）が行った調査によると、「これからの教育センターの在り方として、今後もっとも必要だと思うもの」として、約半数の機関が「カリキュラムセンター機能の充実」を回答している。カリキュラムセンター機能の内容は、各機関により異なっている。各学校のカリキュラム開発支援を目的としていることは共通しているものの、その支援の方法が教育センターにより異なっている。多様に展開しているカリキュラムセンター機能の共通項を探ると、いずれの機関も教師を支援する機能を目指している構図が見えてくる。

都道府県立教育センターの中で、もっとも早くカリキュラムセンター機能を意図した組織改編を実施した機関は、大阪府教育センターである。大阪府は、中央教育審議会が教育の地方分権について論議した時期と同時期の平成一〇年九月に「大阪府における教育改革の基本方向（案）」をまとめ、「学校における授業改革と特色ある教育課程の編成等を支援するため、府教育センターにおけるカリキュラムセンター機能の整備を図る」と提言した。これを受けて平成一一年四月に大阪府教育センター内にカリキュラム研究室を設置した。大阪府教育センターカリキュラム研究室の役割は、府立学校の教育課程表の点検、教育課程説明会等の業務や教育課程に関する研究の推進、学校支援、教育情報の収集等多岐にわたっている。

大阪府に次いでカリキュラムセンター機能を組織に取り入れた機関として、神奈川県立教育センターと埼玉県立総合教育センターがあげられる。両センターともに平成一三年度に教育センターの内部にカリキュラムセンターを設置した。

神奈川県立教育センター（現・神奈川県立総合教育センター）は、平成一三年七月に教育センター内にカリキュラム開発センターを

これからの教育センターの在り方として、
今後もっとも必要だと思うもの

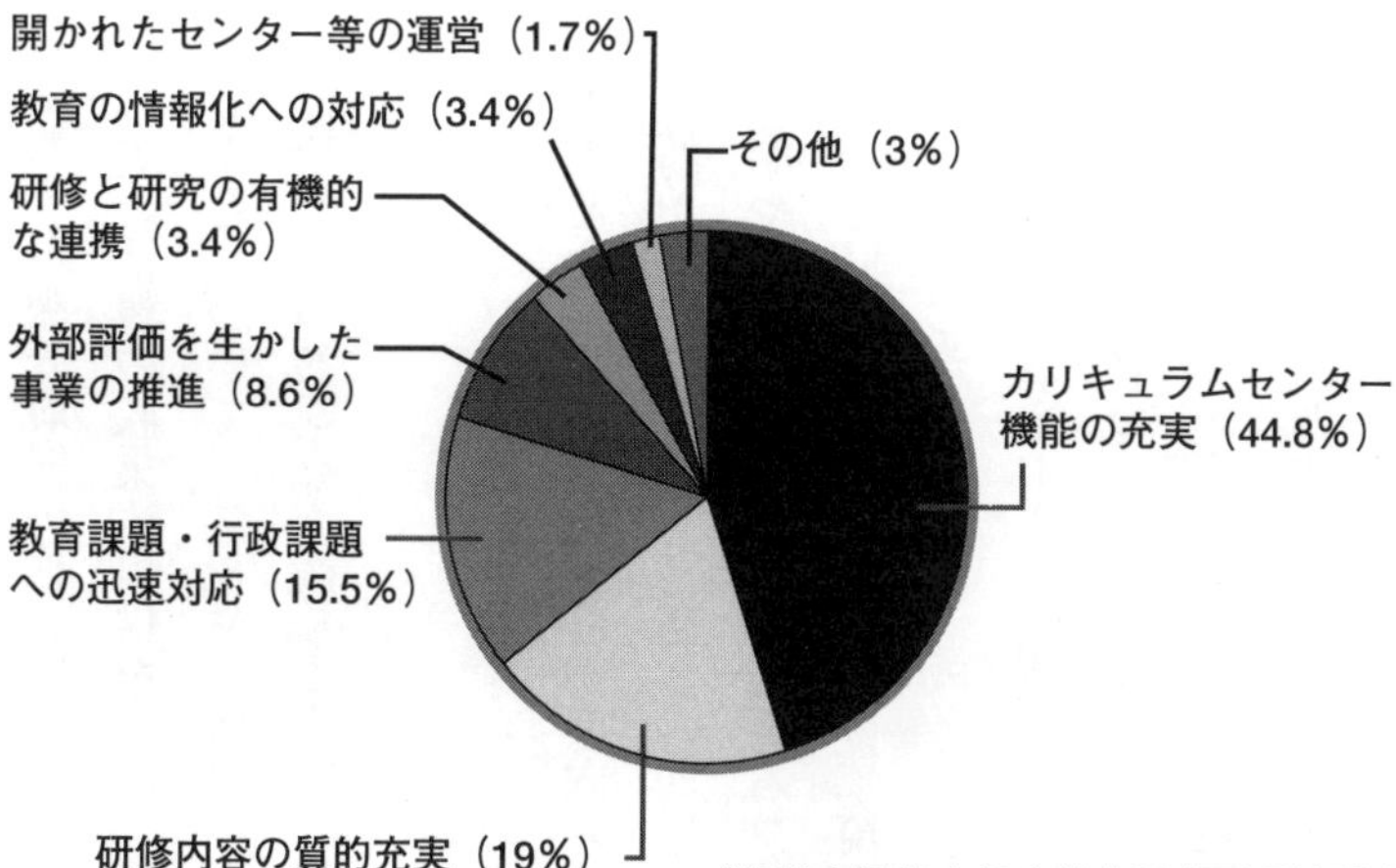


（都道府県指定都市教育研究所長協議会）

開設した。カリキュラム開発センター開設にあたり神奈川県立教育センターが作成したパンフレットでは、カリキュラム開発センターを中心に、「カリキュラムに関する調査研究・検証開発や、人材育成のための研修の実施、カリキュラム・コンサルタント、幅広い情報の収集・提供を行い、特色ある教育の展開や学校づくり、楽しく分かりやすい授業づくりなどについて、学校や教職員への助言や支援をはじめ、保護者や地域住民の方々の学校運営や学習活動への参画を支援します」と記している。

埼玉県立総合教育センターは、平成一四年七月に教育センター内にカリキュラムに関する資料の閲覧や相談のための部屋を設け、カリキュラム・サポートセンターと命名した。埼玉県が県内の小中高校に対しアンケートを実施したところ、教育課程編成や総合的な学習の時間、評価等の問題に関するコンサルティング業務についての要望が約九割、学習指導案やシラバス、授業で使えるコンテンツや教材教具などの情報収集・提供機能の要望が約八割となっていた。この結果を受け、埼玉県は、カリキュラム「開発」よりも「サポート」を重視した部署を新設した。

埼玉県のアンケートで表れた、カリキュラムについて学校現場がサポートを求める実態は、大阪府、神奈川県のカリキュラムセンターの業務の実際にも通じている。大阪府のカリキュラム研究室は研究を中心とし、神奈川県のカリキュラムセンターは研究、人材育成、コンサルタント、情報提供の四機能を目的としているものの、現実には、両者ともにカリキュラムに関する相談業務が中心となっている。大阪府のカリキュラム研究室は、電話や来所による相談が毎日のようにあり、一日あたり電話は一〇〜二〇件、来所は三〜五件となっている。学校への講師派遣要請も受け付けており、毎年三〇〇件近く職員を講師として派遣している。神奈川県のカリキュラム開発センターを訪れる人数は年間二〇〇〇〜三〇〇〇名を超えており、カリキュラム・コンサルタントの受け付けは年間約三〇〇件となっている。

他の都道府県においては、神奈川県や埼玉県のようにカリキュラム相談や資料閲覧のための部屋を開設する教育センター、大阪府のようにカリキュラム研究のための部署を開設する教育センター、カリキュラムに関する資料をホームページで提供する教育センターなどの取り組みが見られている。いずれの取り組みも、これまでの教育センターの活動とは大きく異なったものとなっている。

## 集団対応から個別対応への流れ

これまでの教育センターの活動は、研究も研修もサービス提供の対象が集団となっていた。県下の学校全体を対象とした研究を実施し、研究紀要や報告書を印刷して一斉に配布することで、研究のサイクルは完了していた。ところが、神奈川県のカリキュラム開発センターや埼玉県のカリキュラム・サポートセンターは、研究の成果をデータベースとしてストックし、県下の教師が必要に応じて必要な情報を引き出し、活用できるようにしている。カリキュラムセンターが提供する情報は、指導案やシラバスのほか、実践事例集や教材に使用できる映像や動画など、多彩である。神奈川県や埼玉県のように新たな部屋を開設することは、多額の経費と人件費がかかる。しかも、県内の教師たちが教育センターまで足を運ばないといけない。神奈川県と埼玉県の教育センターは幸いにも地理的に県の中心部に近く、交通の便もいいため、多くの教師が集まることができている。また、職員数も多いため、カリキュラムセンターにおける相談要員を配置することも比較的容易である。これに対し、職員数が少なく、立地条件の悪い教育センターにおいては、県内の教師が教育センターに行かなくとも、教育センターの情報を閲覧できるようにするための条件整備に力を注ぐほうがよほど効果的になる。

そのため、ホームページを通じた情報提供と同様の取り組みを行う教育センターも増えている。埼玉県立総合教育センターはカリキュラム・サポートセンターを開設する前段階として、シラバスと学習指導案の参考事例を教育センターのホームページで平成一三年度に公開した。北海道は施設としてのカリキュラムセンターは設置しないで、ホームページ上にバーチャル機関としてカリキュラムセンターを開設し、ホームページを通じた情報提供に力を入れている。福岡県は、施設としてのカリキュラムセンターを開設しているものの、電話や電子メールによる相談体制とホームページを通じて行う情報提供にも力を入れている（千々布二〇〇四）。

集団対応から個別対応への流れは、研修サービスの提供にも現れている。多くの教育センターが実施する経験年次別研修や職能別研修は参加が義務づけられたものである（そのような研修を「基本研修」と称し、希望者のみが受講する研修を「専門研修」と称する教育センターが多い）。教育センターの大講堂や多数のコンピュータなどは、基本研修の実施のために整備されているともいえる。ところが、近年の教育センターは、自発的な受講による専門研修のほうが満足度が高く、研修受講後の職能成長も見られるという理由により、基本研修よりも専門研修に重点を移しつつある。専門研修の受講者においては、授業が行われている月曜～金曜の間に研修が実施されていると、授業を校内の他の教師にゆだねる必要があるところから、気軽に受講できる土曜日の開講を希望する者が増えている。また、平日の夕刻、通常五時に閉館している教育センターが夜間七時まで開館して開催する研修への受講者も増えている。受講者の要望を受け、教育センターでは夜間や土曜日に開館する機関が増えている。

研修の個別対応の流れにより、教育センターの職員は所外に出向く機会が増加している。従来より、学校が教育センター職員を校内研修の講師として招聘することはあったものの、その際は講師の旅費を学校が負担していた。近年の教育センターは、教育センター側が旅費を負担して職員を学校に派遣している。大阪府教育センターのカリキュラム研修室の職員が学校の要請に基づき校内研修の講師として出向いているのは前述のとおりである。福岡市教育センターは、平成一四年度から学校の要請に応じて職員を派遣することにしたところ、年間で四〇〇件以上、職員一人あたり二〇件以上もの派遣を実施することとなった。島根県立松江教育センターは、平成一六年度から派遣事業を開始し、一〇〇件を超える申し出を受け付けている。

## ②教育委員会の変容

上記のような教育センターの変容の背景に、教育改革の推進の流れの中で、都道府県教育委員会の組織全体が変容していることがあげられる。岐阜県や三重県の教育センターは、教育委員会組織の下部機関としての位置づけから教育委員会の一部局としての位置づけに変容している。徳島県の教育センターは移転に伴い、教育委員会組織の一部を教育センターに移している。

### 教育委員会と教育センターの一体化

岐阜県は、平成八年度から取り組んできた教育改革の一環として、平成一二年度に教育委員会事務局を再編した。この改編で

岐阜県教育委員会の平成12年度組織改編

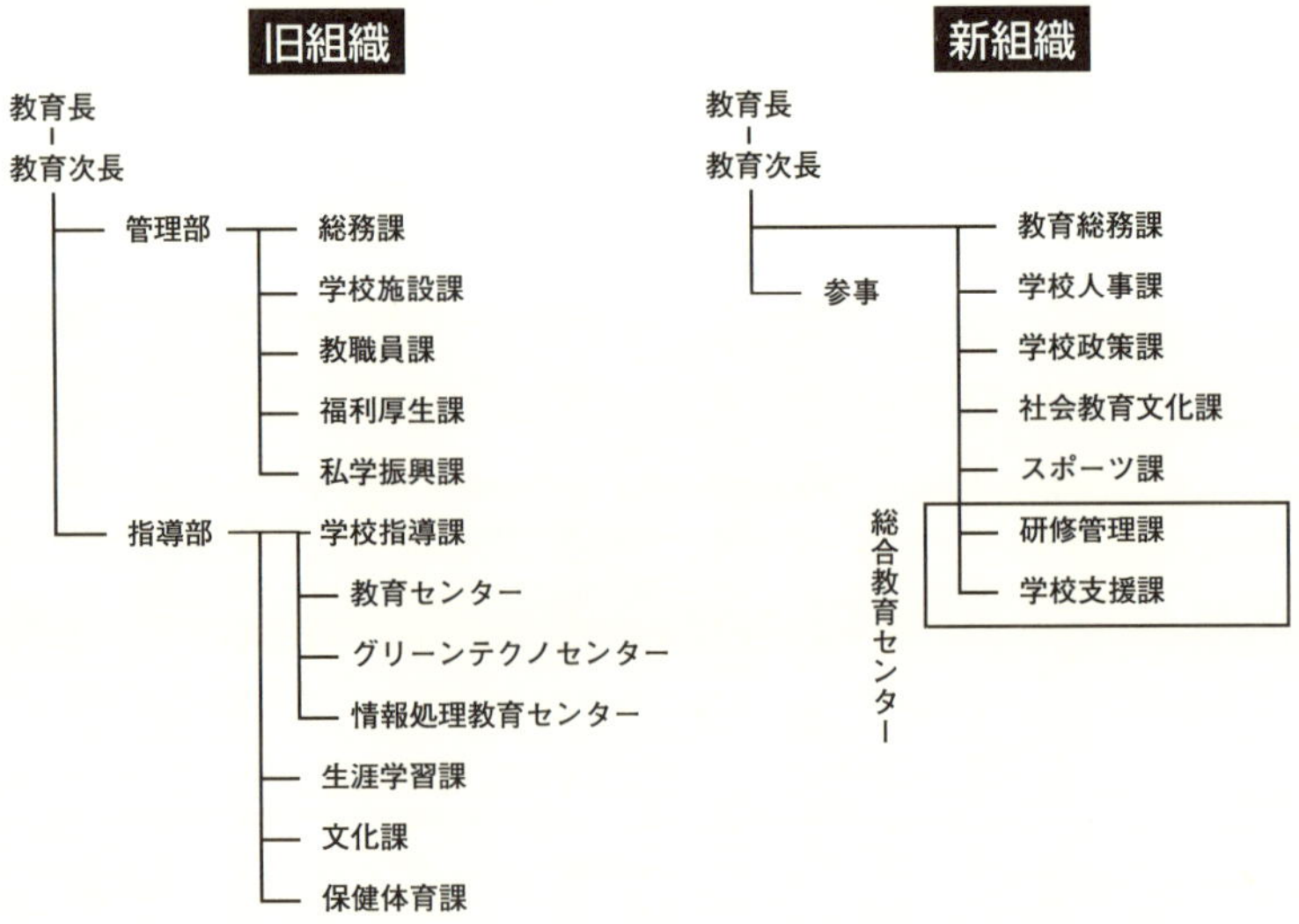

は、従来学校指導課が所轄していた教育センターを農業関係のグリーンテクノセンター、情報処理教育センターと統合して、通称総合教育センターにすると同時に、教育委員会事務局として位置づけ、研修管理課と学校支援課を総合教育センターの庁舎内においた。総合教育センター内の学校支援課は、各学校の指導を行うために、指導の力量を持つ指導主事を配置するようにしている（千々布 二〇〇二・八）。

## 教育行政組織のフラット化

三重県は、平成一四年四月に教育委員会組織を改編して、政策企画、学校教育、生涯学習、研修、教育支援の五分野（課に相当する組織）とし、研修分野を総合教育センターの庁舎内においた。三重県の改編は、

三重県教育委員会の平成14年度組織改編

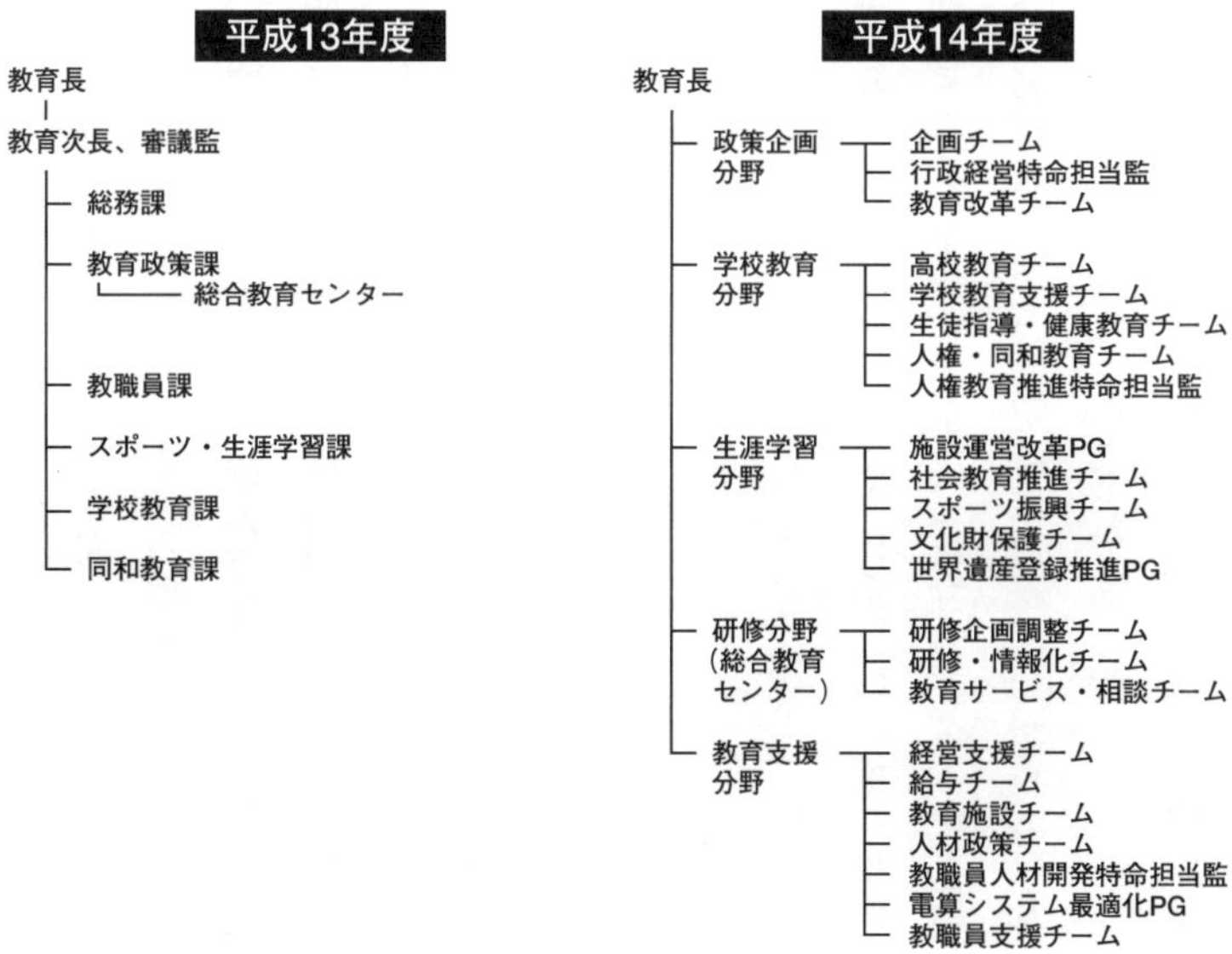

民間企業で行われている組織のフラット化を取り入れたものとなっている。フラット型組織とは、組織における職階（部長、次長、課長、課長補佐、係長等）をできるだけ削減し、階層をフラットにして運営する組織のことである。組織の単位をチームと称するため、チーム型組織と称する場合もある。フラット型組織は、中間管理職が少なく、組織の長に大幅に権限が委譲されているため、迅速な意思決定が可能となる。また、意思決定権限を持つリーダーと組織成員が直接に結びついているため、成員の参画意識と意欲が高まりやすい。各成員の所管業務はゆるやかであり、新たな課題に柔軟に対応しやすい。そのような理念のもと、三重県は中間管理職を削減した新組織で研修を一元的に実施することとした（千々布 二〇〇二・一〇）。

## 迫られる事業見直し、予算削減

組織を改編する際に、教育センターが実施してきた事業の妥当性は当然見直されることとなる。岐阜県の改編に見られるように、従来の体制で実施されていた研修に重複や体系性の不備が指摘されるなかで、研修を一元的に管理する組織が作られることとなった。また、教育センターが実施してきた研究に厳しい批判の目が向けられるようになった結果、予算査定時に首長部局からゼロ査定を受けた教育センターもある（結果として五〇％減の予算になったとのことであるが）。

教育センターが行う業務に厳しい批判の目が向けられているのは、自治体の財政状況も関係している。教育センターの運営については、国の基準が存在していないため、その定員措置、運営費等の意思決定権限は設置者にゆだねられている。設置者の側においては、財政状況の悪化により、予算総額を削減する必要に迫られており、その矛先が国の基準も存在しない教育センターの運営経費に向かうのは必然である。教育センター職員の話では、近年は予算編成部局より、学校現場にどのように役に立っているのかの説明を求められることが多くなっている。そのため、研修の意義を示すため、受講者アンケートを実施して受講者の満足度が高いことを示すほか、所属長アンケートも実施して受講者が研修受講により見せた変容なども測定しようとしている。

教育センターがカリキュラムセンターを通じ、個々の教師を支援するようになった背景には、これらの教育センターをめぐる厳しい事情が存在している。教育センターは自らの存在意義を示すために、成果が見えやすい情報提供業務や個別支援業務に力を入れているというのが現在の流れといえよう。この流れは、成果が見えにくい研究の取り組みがおろそかになる危険性を含んでいるものの、これまで以上に教師の力量向上が促進されることが期待される。

## ❸ 学校の課題

以上のように、学校を上から支配する印象の強かった教育行政機関が、近年は側面から学校を応援しようという姿勢になっている。さらに、文部科学省以外の中央省庁や、ＮＰＯなどの民間団体が、学校や教師を支援しようという動きも加速している。ところが皮肉なことに、当の学校の教師や校長の多くは、広がりつつある学校の応援団の存在に気づいていない。神奈川県のカリキュラムセンターは、今や教育センターの関係者の間では非常に有名になっているにもかかわらず、神奈川県内の教師で、そのことに気づいている教師は多くない。教育センター職員が学校の出前講座に出向く件数が増加しつつある傾向に気づいている校長は多くない。社会から多様な期待をかけられ、それに押しつぶされそうになっている学校は多いというのに、その学校を支えよう、支えたいという外部のリソースが増大しつつある状況に気づいている学校は少ない。

筆者がこれまで接してきた革新的な学校の校長は、一様に外に向かって開かれた姿勢を有している。学校に何か足りないものがあれば、教育委員会に相談し、地域社会に相談する。教育委員会や地域社会には、既存の古い体質のままで、学校の要望に応えられないところもあるであろうが、多くの教育委員会や地域社会は、学校を支援しようという姿勢にシフトしつつある。そのような外部のリソースをうまくつかむことができた学校が大きく変容している。

学校にとって教育委員会や教育センターは管理する側の存在であり、地域社会は学校に理不尽な要求を突きつける存在である――そのような認識を有する学校は多いし、そのような現状もある。しかし、同時に学校を支援する外部リソースが拡大しつつある現状をうまく活用することが、学校を再生させることにつながるはずである。

# 第七章　教師のバージョン・アップ

# ①変えなくてはならないものは何か

## 日本の森は碧（あお）い

第一章で考察したように、現在の教育改革の背景には国民の教育不信が存在している。その不信感は、一部の教師の怠慢や不適切な指導や問題行動を根拠にしており、大部分の良心的で有能な教師の献身的な働きへの視線が欠けている。そうであるから、現在の教育改革の動きに対し、「何も変える必要はない」と主張する論者も出てくる。そのような論者に対し、教育改革論者は、怠惰な現場教員を守る守旧派というレッテルを貼っている。そのような教育改革論者を、日本の教師のよき伝統を崩し去ろうとしている無知な侵略者と見る教育関係者も多い。このような相互不信の状況を、私は「三すくみ状態」と表現した。三すくみ状態を脱するために、まずは木を見て森を見ていない国民に、日本の森の健全さを本書の各章で説いてきた。

日本の教師の伝統文化が優れているものの、だからといって、何も変える必要がないわけではない。前章で紹介したように、教育委員会や教育センターは激しい勢いで変容しつつある。教師だけが古い体質を温存できるわけがない。

長い伝統を有する老舗が、時代時代の変遷に柔軟に対応して常に革新を続けているのと同じように、日本の学校も、時代の流れに対応して変わらねばならない。明治期の日本の学校が、新しい指導法を習得する目的で授業研究を始めたのと同じように、新しい時代に対応する学校教育を創造するために、日本の教師たちは新しい研修や研究の手法を創造する必要に迫られている。

日本の教師集団は、他国に比べればはるかに優秀である。日本の森は木々が十分に茂っており、碧（あお）いのだ。でも、その碧さは、年々薄らいできている。放っておいたら、枯れ木が増えて荒涼たる山になってしまうかもしれない。今こそ、日本の教師の再生戦略が求められている。

結局、教育改革を進めようということか？と感じる読者もいるであろう。本書の姿勢は、教育改革の必要性を認めるものの、別の改革の必要性を提起したい。教育改革で進められている施策の大部分は必要なものである。しかし、体力の弱った患者への手術は見合わせようと医者が判断するのと同じように、日本の教育現場には、教育改革という手術と同時に、教師の体力を高めるための戦略が求められている。

## 授業研究に教師を向かわせるインセンティブ

第二章では日本の授業研究に米国が注目している様子を紹介した。授業研究の手法は、明治期以来の伝統を有することを、第五章で紹介した。『ティーチング・ギャップ』は、日本で「授業研究のない学校を見つけることはできない」と記述しているが（スティグラー 二〇〇二）、その話を紹介すると苦笑する校長は多い。筆者が接する校長の多くが、「最近の若手教師は勉強しなくなった」

と嘆いている。彼らが若き時代には、校内で授業研究会を実施するのは当然で、毎時間指導案を作成していた人もいる。これに対し、最近の若手教師は、ほとんど指導案を書く機会もなく、授業研究も実施していないという。

若手教師が勉強しなくなった原因の多くは多忙化であろう。しかし、忙しい中でも時間を見つけて熱心に勉強している教師もいる。筆者の見るところ、教師全体が多忙化で勉強できなくなっているというよりも、多忙を理由に勉強から逃れようとする教師と、果敢に新しい知識や研鑽の場を求める教師とに二極化しているようである。

教師のそのような傾向に対し、「だから外部評価が必要なのだ」と息巻く論者もいるであろう。私は、今の学校には説明責任としての外部評価は必要と考えるものの、教師が自己向上を図るインセンティブとしての外部評価には懐疑的である。それよりも、もっと柔らかい手法で多くの教師を授業研究に向かうよう駆り立てることはできないものかと考えている。

各県で指導的立場に立つ教師たちに、彼らの若き日の過ごし方を聞くと、授業研究や教育論文の提出、地域の研究会での発表等の経験を語る人は多い。彼らに、シンポジウムや講演等を依頼すると、おおむね時間の都合のつく限り、承諾の返事が返ってくる。大勢の前で話したり、文章をまとめることに前向きである。多くの人は、自分の授業や自分の文章を公開することに躊躇する。自分の弱い部分をさらけ出すことを危惧している。研究発表に前向きな教師は、自分の発表内容に自信を持っているというよりも、発表することにより、何かを得ることができるという期待で外に向かっている。

## 発表することは聞くことの二倍の効果

戦後長く研究校として全国に知られている小学校の校長が、「発表することは聞くことの二倍以上の効果がある」と記している（安田 一九八六）。米国におけるアクションリサーチ研究が、実践者自身の内的成長を指摘しているのと同じことであろう。さらには、発表のために準備することが反省的思考を促しているとも考えられる。授業研究を実践している教師、研究を発表した教師においては、そのような充実感から次の実践への意欲が自然と沸いてくるであろうが、授業研究を行うことの負担感のみに目を奪われる教師に、いくら「これが効果がある」と説いても、気持ちを変えることは難しいであろう。のどの渇いているロバに水を飲ませようと泉に綱を引いていこうとしても、ロバがいやがってしまうのと同じような現象が、教師と授業研究の間で成立している。ロバに水を飲ませるためには、手綱を無理に引くよりも鼻先にニンジンをぶら下げるほうがいい。

そのようなインセンティブのいい例が、実は米国にある。

米国では、一九九〇年代より開始した優秀教員認定制度が全米に広まりつつあり、優秀教員として認定された教師の学校における成績の上昇が報告されている。

## ❷ 戦略としての優秀教員認定制度

### ＮＢＰＴＳによる優秀教員認定制度

米国の教育改革の先鞭を開いた「危機に立つ国家」以後、政府機関以外の民間団体も各種の教育改革案を提言した。その中でもその後の教育に大きな影響を与えたのがカーネギー財団による「備えある国家」（一九八六年）である。「備えある国家」は、教師教育の改善の必要性を強調し、教員出身者を中心とする新たな組織により教員力量の基準作成と優秀教師の認定制度を創設することを提言した。

「備えある国家」の提言を受け、一九八七年に「専門職教師のための国家委員会」（National Board for Professional Teaching Standards：ＮＢＰＴＳ）が非政府、非営利団体として設立された。ＮＢＰＴＳは六三名の理事により運営される。理事の大部分は初等中等学校の教員であり、他に学校管理者、教育行政関係者、州政府関係者、弁護士、大学関係者、経済界代表、地域代表となっている。ＮＢＰＴＳには、民主、共和の両政党が支持を表明するほか、州知事会、教員養成機関認定協会、アメリカ教員連盟（ＡＦＴ）、全米教育協会（ＮＥＡ）などの機関も支持している。

ＮＢＰＴＳはその事業の一環として、一九九五年から優秀教員認定制度を開始した。

優秀教員認定制度とは、州が発行権限を持つ教員免許を、新任教員に対する最低限の基準と見なし、これに対し熟練教員を対象として州免許状の基礎資格を超えた一定基準を充足した教員に、「免許状」とは異なる「資格」を与えるものである。州免許状はその取得が必須であるのに対し、優秀教員としての資格取得は任意となる。

ＮＢＰＴＳは当初、前期中等教育に関する英語と総合の二領域について審査基準を開発した。英語の基準はピッツバーグ大学とコネチカット州教育庁の連携に委託し、総合はジョージア大学に委託して開発した。この二領域について一九九三年から一九九四年にかけて審査し、一九九五年に八一名の認定者を出した（申請者二八九名）。その後、審査領域は拡大され、二〇〇三年現在の優秀教員資格

優秀教員認定者数の推移

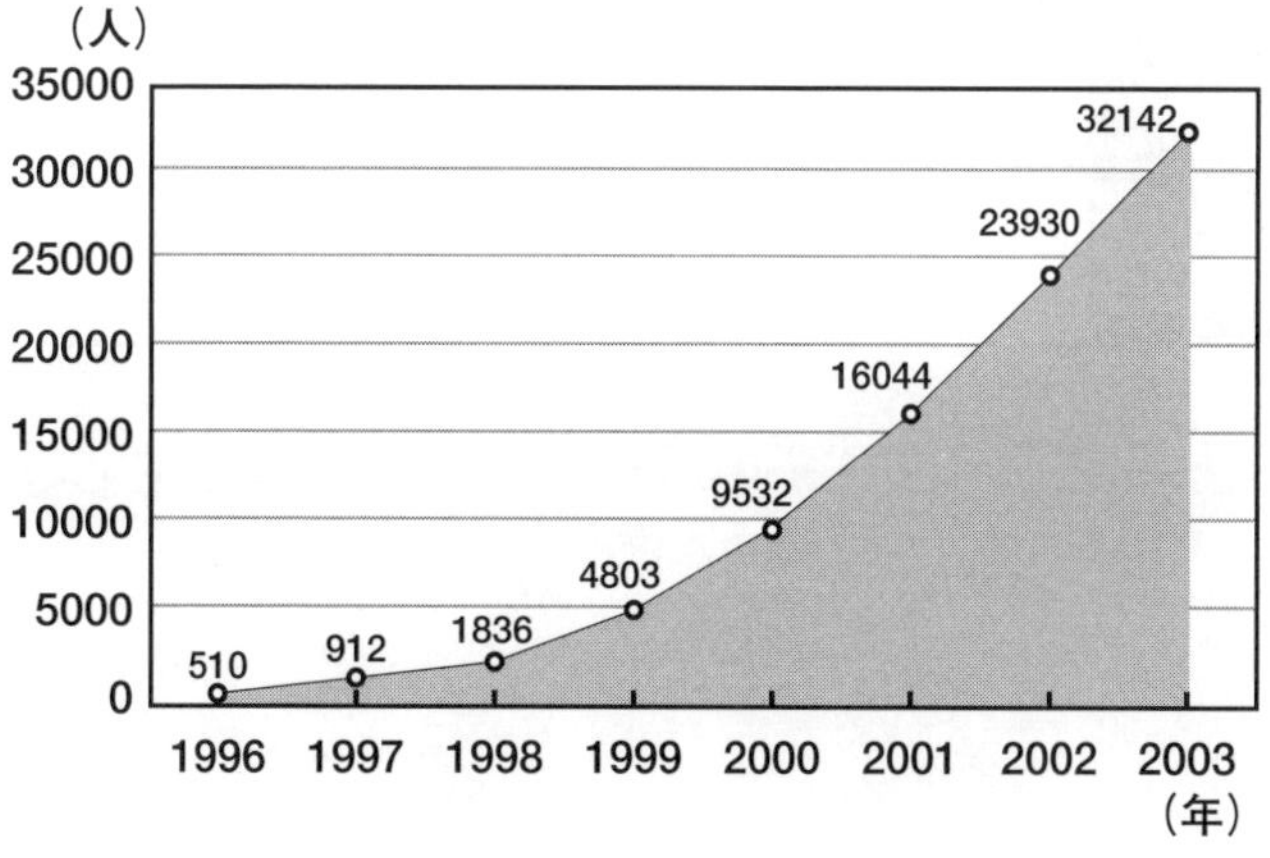


（NBPTS ホームページ）

## 優秀教員資格の種類

<table>
<tr><th></th><th>就学前・初等教育<br>（3〜8歳）</th><th>初等教育<br>（7〜12歳）</th><th>前期中等教育<br>（11〜15歳）</th><th>後期中等教育<br>（14歳以上）</th></tr>
<tr><td>総合</td><td>○</td><td>○</td><td>○</td><td></td></tr>
<tr><td>英語</td><td colspan="2">○</td><td>○</td><td>○</td></tr>
<tr><td>数学</td><td></td><td></td><td>○</td><td>○</td></tr>
<tr><td>理科</td><td></td><td></td><td>○</td><td>○</td></tr>
<tr><td>社会科／歴史</td><td></td><td></td><td>○</td><td>○</td></tr>
<tr><td>芸術</td><td colspan="2">○</td><td colspan="2">○</td></tr>
<tr><td>外国語</td><td colspan="2">○</td><td colspan="2">○</td></tr>
<tr><td>第2言語英語</td><td colspan="2">○</td><td colspan="2">○</td></tr>
<tr><td>職業教育</td><td colspan="2"></td><td colspan="2">○</td></tr>
<tr><td>体育</td><td colspan="2">○</td><td colspan="2">○</td></tr>
<tr><td>健康教育</td><td colspan="2"></td><td colspan="2">○</td></tr>
<tr><td>音楽</td><td colspan="2">○</td><td colspan="2">○</td></tr>
<tr><td>障害児教育</td><td colspan="4">○</td></tr>
<tr><td>司書／メディア教育</td><td colspan="4">○</td></tr>
<tr><td>カウンセリング</td><td colspan="4">○</td></tr>
</table>

（NBPTS ホームページ）

の種類は表のようになっており、優秀教員資格取得者は約三万二千名となっている（ＮＢＰＴＳホームページより）。

## 優秀教員認定の手続き

優秀教員の認定手続きは、申請者である教師自身の学校における資料作成段階と評価センターにおける試験の二段階で実施される。

申請者の学校では、さまざまな資料がポートフォリオにまとめられる。資料の種類は資格の種類により異なるが、おおむね、文書資料、生徒の学習成果、教授記録に分けられる。

教師は自らの実践をどのように分析、評価、改善したかを示すレポートを作成する。その他、授業の改善のために同僚や父母、地域の人々と協働したことを示す物的証拠（手紙、インタビューのまとめ、日記、ミーティング記録、学級通信、写真など）をまとめる。

生徒の学習成果を示すため、教師は二名の生徒のポートフォリオを提出する。生徒を選択する際には学級の多様性を反映させるものとしなくてはならない。ポートフォリオの収集期間は三〜四か月以上であり、各資料に教師のコメントを添えることが求められる。

教師の教授記録は、ビデオテープによる。教師が提出する記録ビデオに収められた授業については、教師自身の説明を添付するほか、当該授業における生徒（前述の抽出された生徒）の成果物も提出が求められる。

学校における資料作成段階で通常、六か月を要する。その間教師が資料作成に要する時間は約五〇時間となる。

評価センターは全米数か所に設置されている。評価センターにおける試験は、夏休み中の二日間を利用し、教授内容に関する知識の試験とさまざまなシミュレーションにより実施される。試験は、教科の各領域に関する小論文、他教科と融合した指導案の作成、評価センターから示された生徒の学習成果サンプルの教育学的分析などが実施される。また、すでに提出したポートフォリオについて、指導案作成にあたりＮＢＰＴＳの基準をどのように達成しようと意図したか、抽出生徒の学習をどのように評価するかなどについて面談を受け、他教師の授業ビデオの批評、事前に読んでくるよう指定された図書についてのグループディスカッションなどを行う。シミュレーションにおいては、教師と父母の会話に関するレポートに基づき、ロールプレイを行う。ロールプレイにおいては評価者であるベテラン教師が父母の役割を果たす。

これらの試験は、他のペーパーテストと異なり、受験者にとって何が重要であるかをすぐに示すことにより、評価過程が学習過程に結びついている。たとえば、各試験の前に受験者はガイドブックを渡され、試験がＮＢＰＴＳ基準のどの部分を測定するものであり、試験官が評価する観点と準備すべき観点について理解することができるようになっている（バーリンガー　一九九三）。

ＮＢＰＴＳの優秀教員認定制度は、州免許制度の補完をうたうものでありながら、実際には多くの州が優秀教員制度に影響を受けて免許制度を改正している。二〇〇三年にエデュケイション・ウィーク誌が行った全米調査によると、州免許制度上の優遇措置を実施しているのは五〇州中四五州、優秀教員認定取得に財政措置を実施しているのは五〇州中四〇州となっている（エデュケイション・ウィーク 二〇〇三・七）。

免許制度上の優遇措置の例としては、優秀教員認定を指導的立場になる教員になるための要件としたり（マサチューセッツ州ボストン学区）、資格取得者に免許更新を認めたりしている。

財政上の優遇措置の例としては、優秀教員の認定を受けた教師にボーナス支給（ノースカロライナ州、ミシシッピ州）、試験受験に補助金支給（アイオワ州、ニューメキシコ州、ワシントン州バンクーバー学区）などがある（本間・高橋 二〇〇〇、八尾坂 二〇〇〇）。

## 優秀教員認定制度の効果

優秀教員認定制度の効果について、ＮＢＰＴＳホームページでは、優秀教員認定者が教える生徒の学力が他の教師が教える生徒よりも伸びていると報告する調査結果を紹介している（バンデボール 二〇〇四、ゴールドハーバー 二〇〇四、ＮＢＰＴＳ 二〇〇〇・九）。また、米国で実施されている学力調査の結果は、優秀教員認定制度の成果を示唆するものとなっている。

米国では、一九六九年より連邦政府主導で全国学力調査を実施している。調査開始当初は州別成績を公表していなかったが、一九九二年からは全国平均に合わせて州別成績も公表している。

全国学力調査の問題は、プレテストを実施して、毎回難易度が同様となるように作成されており、

図1　第4学年数学成績の推移

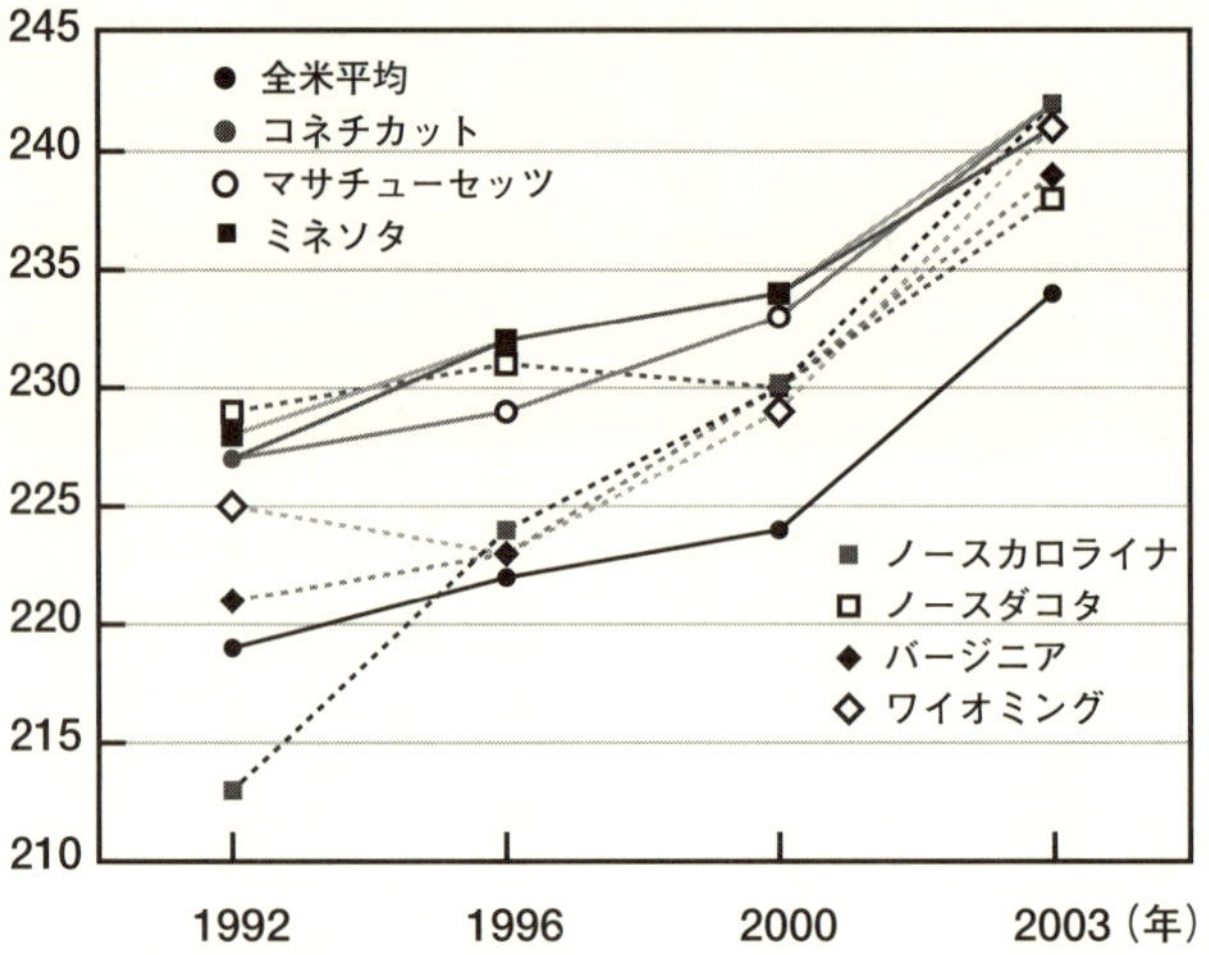


（NAEPホームページをもとに筆者が作成）

経年比較が可能となっている。おおむね、国語の成績には大きな変化が見られず、数学に関しては徐々に上昇する傾向にある。

数学の成績推移を州別に比較し、州平均成績が上位の州の年次推移をまとめたのが図1と2である。いずれの州も成績が上昇しているものの、ノースカロライナ州の上昇率が他州に比して高いことがわかる。この原因として、エデュケイション・ウィーク誌は、同州を含めて南部の州に全米的な評価が高い大学が多いこと、大学在学率が高いことをあげているほか、ノースカロライナ州は、連邦政府が推進している優秀教員認定制度における認定教員数が全米一位であり、全米で約三万二千人いる認定教員中、二割強の約六千六百人がノースカロライナ州の教員であることを指摘している

図2　第8学年数学成績の推移

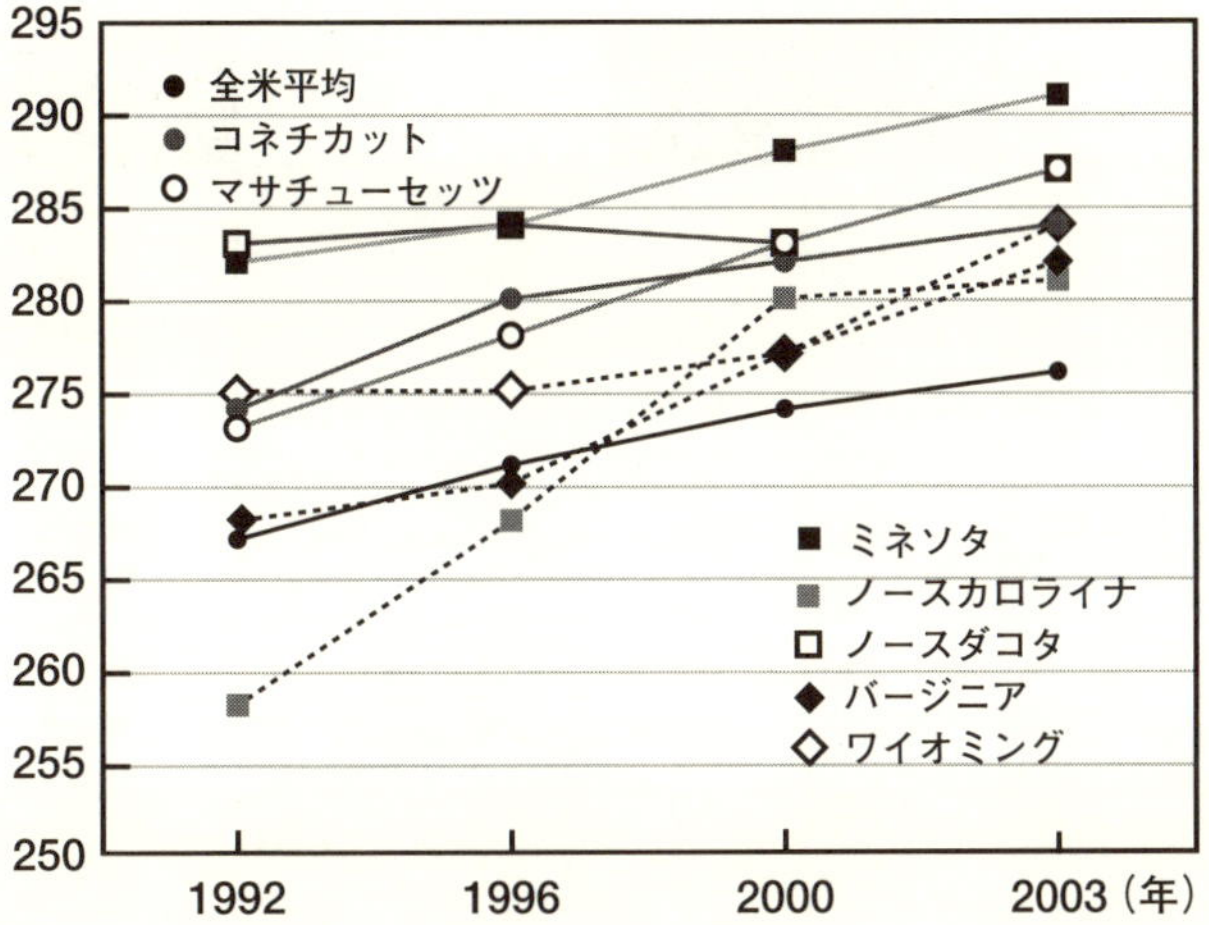


（NAEPホームページをもとに筆者が作成）

（ノースカロライナ州の教員中、優秀教員認定者の割合は八%。全米平均は一%）。

ＮＢＰＴＳが優秀教員認定者を対象に行った調査によると、認定者の多くが学校でリーダーシップをとるようになっていること、他の教師の指導を行うようになっていることが報告されている（ＮＢＰＴＳ 二〇〇一・四）。また、別の調査では、回答者の九一%が認定後、彼らの教育活動に変化が生じたと回答している。その内容は、「教育実践が強化された」三七%、「授業計画をより慎重に行うようになった」三三%、「より子ども中心の授業方法を行うようになった」三一%となっている（ＮＢＰＴＳ 二〇〇一・秋）。これらの調査結果が示唆する内容は、認定者があらかじめ持っていた資質能力が客観的に評価されたという側面に加え、

州別優秀教員認定者数（2003年）

| | 取得者数 | 教員に占める割合 | | 取得者数 | 教員に占める割合 |
|---|---|---|---|---|---|
| 全国計 | 32142 | 1.1% | モンタナ | 35 | 0.4% |
| アラバマ | 636 | 1.4% | ネブラスカ | 36 | 0.2% |
| アラスカ | 39 | 0.5% | ネバタ | 151 | 0.8% |
| アリゾナ | 188 | 0.4% | ニューハンプシャー | 7 | 0.1% |
| アーカンソー | 179 | 0.6% | ニュージャージー | 68 | 0.1% |
| カリフォルニア | 2644 | 0.9% | ニューメキシコ | 121 | 0.6% |
| コロラド | 175 | 0.4% | ニューヨーク | 397 | 0.2% |
| コネチカット | 90 | 0.2% | ノースカロライナ | 6633 | 8.0% |
| デラウエア | 208 | 3.0% | ノースダコタ | 17 | 0.2% |
| フロリダ | 4932 | 3.7% | オハイオ | 2176 | 1.8% |
| ジョージア | 1330 | 1.4% | オクラホマ | 856 | 2.1% |
| ハワイ | 59 | 0.5% | オレゴン | 102 | 0.3% |
| アイダホ | 312 | 2.2% | ペンシルバニア | 127 | 0.1% |
| イリノイ | 823 | 0.7% | ロードアイランド | 141 | 1.4% |
| インディアナ | 107 | 0.2% | サウスカロライナ | 3227 | 7.0% |
| アイオワ | 422 | 1.2% | サウスダコタ | 19 | 0.2% |
| カンサス | 146 | 0.5% | テネシー | 92 | 0.2% |
| ケンタッキー | 540 | 1.4% | テキサス | 144 | 0.1% |
| ルイジアナ | 337 | 0.7% | ユタ | 54 | 0.2% |
| メーン | 49 | 0.3% | バーモント | 67 | 0.8% |
| メリーランド | 343 | 0.6% | バージニア | 548 | 0.6% |
| マサチューセッツ | 408 | 0.6% | ワシントン | 345 | 0.7% |
| ミシガン | 150 | 0.2% | ウエストバージニア | 153 | 0.8% |
| ミネソタ | 261 | 0.5% | ウィスコンシン | 197 | 0.3% |
| ミシッシッピ | 1763 | 5.3% | ワイオミング | 50 | 0.7% |
| ミズーリ | 200 | 0.3% | コロンビア区 | 11 | 0.2% |

（NBPTSホームページと連邦教育省ホームページの数値をもとに筆者が作成）

認定に必要な資料を整える過程で申請者の資質能力が高まったという側面があると考えられる。

## 優秀教員認定制度が示唆するもの

米国の優秀教員認定制度、特にノースカロライナ州に見られる現象は、認定試験の過程で教師の力量が向上したということと、優秀教員認定に挑戦する教師たちへの支援を行政が適切に行えば、多くの教師たちが積極的に取り組むことになることを示している。

優秀教員認定の過程で教師たちが行っている作業――ビデオ記録、子どものポートフォリオ作成、授業の構想の説明などは、日本の教師たちが授業研究で行っている作業に似ている。日本の教師が授業研究に向かう場合、それによって自らの力量が向上するという予測を持つことによる教師もいるであろうが、多くの場合、校長から頼まれてとか、職員間のローテーションによってなどの他律的な理由によっている。そこで、米国の優秀教員認定制度のように、授業研究を行ったことやそれによる力量向上を認定し、それによる報酬を与える制度を創設したならば、日本で衰退気味の授業研究を再活性化することが可能ではないかと思われる。

## ③ 授業研究再活性化のための戦略論

筆者がこれまで目にした授業研究は、授業内容に問題が感じられる場合もあったものの、多くは授業者の綿密な準備と、何よりも授業者と子どもたちとの固いつながりが感じられるものであった。実践的な力量形成の場としての授業研究は存在し続けている。しかし、残念かつ皮肉なことに、教育改革を必要とする今日の社会の変動は、もっとも改革に有効な授業研究の機会を縮小する傾向にある。この傾向に歯止めをかけ、授業研究の動きを活性化させるためには、授業研究の実践を広めるための戦略が必要である。

### 授業研究の制度化

教師たちを授業研究に向かわせるインセンティブとして、米国の優秀教員認定制度ほどの制度は日本にないものの、実は、各自治体レベルでは授業研究を活性化するための制度的な取り組みが少しずつ登場しつつある。

第一が、教育センターの研修に授業研究を取り入れる事例が増えていることである。平成一一年の教育職員養成審議会答申「養成と採用・研修との連携の円滑化について」は、教職経験者研修を受講した全参加者の中で講義形式の研修を受講した参加者数の割合が八割を越える現状を問題点として指摘し、見直しの方向性の一つとして、参加型の研修の導入を提言した。平成一四年の中央教育審議会答申「今後の教員免許制度の在り方について」は、「日々の職務を通した校内研修は特に重要」とし、各学校においては「教授技術、教材研究、各学校や地域の具体的な教育課題等について、教員が相互に評価し合うことなどが必要」、教員においては「研究授業を実施したり、学会や研究会において研究論文を発表するなどの自主的・主体的な取組が求められる」と提言している。これらの提言を受け、各都道府県の教育センターでは、授業研究を研修の一部に取り入れるようになっている。学校レベルで行っている授業研究とは異なり、センター研修の受講者がセンターと連携している学校の授業を参観し、その後受講者たちで討論するスタイルで実施している。

第二の取り組みとして、学校レベルの授業研究を制度化する施策が登場している。東京都は平成一六年九月にまとめた「東京都公立学校の『授業力』向上に関する検討委員会報告書」において、教職二・三年めの教員に年間三回の授業研究の実施を求めた。東京都の構想では、当該教員が所属校で行う授業研究を、指導主事などが指導に赴くこととなっている。

## 授業の表彰

前述のような授業研究の制度化は、衰退しつつある授業研究を再活性化させるためのカンフル剤としては機能するものの、それだけでは形骸化した授業研究が蔓延する可能性もある。優れた授業研究が正当に評価され、他の教師や学校に広まっていくためのシステムが求められる。

京都市では、授業における得意分野づくりに向けた教員の自己研鑽を奨励・促進するとともに、その営みが集約された創意工夫にあふれた特色ある授業を募り、市内への普及を図ることを目的とした「十八番の授業」事業を、平成八年度より実施している。応募する教師たちは特に得意とする授業や教材研究に力を入れた授業などを自らビデオで録画し、京都市総合教育センターが審査、表彰している。小学校、中学校、養護学校別に最優秀賞を選定するほか、優秀賞、奨励賞を選定し、表彰している。最優秀賞、優秀賞として選定された授業については、授業のビデオや指導案を教育センターの情報資料室で保管し、閲覧や貸し出しに供している（千々布 二〇〇三）。

京都市の取り組みは、ビデオ記録をもとに教師の力量を評価するという手法において米国の優秀教員認定制度に似ている。表彰の成果が資格や処遇に反映されていないことは異なるものの、暗黙知の領域が広い授業の評価を行政機関が行い、表彰している意義は大きい。

教育改革国民会議報告が「個々の教師の意欲や努力を認め、よい点を伸ばし、効果が上がるように、教師の評価をその待遇などに反映させる」と提言したのを受け、その後、各都道府県や政令指定都市では人事考課制度や優秀教員の表彰制度を検討したり、創設したりしているところである。評価が処遇に反映する状況は目の前に来ているが、教師の授業研究へ向かう意欲を促進させるような評価方法を工夫する必要がある。

# ④ 教師の研究力量の向上

## 教育センターの研究と大学の研究

本章ではここまで、教師が授業研究に取り組むための戦略を考えてきた。続いて、授業研究を含めた、教師の実践研究のありかたについて考えてみたい。

前章第一節で紹介したように、日本の教育センターは戦後すぐに設立された。大学の教育学部も大部分は戦後設立されたものであり、教育センターと大学の教育学部は同じ歴史を有している。しかし、大学と教育センターでは研究者の研究能力に大きな開きが出ている。教育センターの研究紀要の引用部分には、大学研究者による研究業績があげられていても、大学研究者による研究論文に教育センターの研究成果が引用されていることはまれである。大学の研究者と教育センター職員が対等に接する学会が存在する一方で、教育センターの発表会で大学の研究者が一歩高い存在として遇される場面も存在する。

第五章第一節で紹介したように、日本では、教師による実践研究は、授業研究と同様に明治期から始まった。米国の教師による実践研究であるアクションリサーチは一九八〇年代から実践されているのに対し、日本の教師による実践研究は、一〇〇年以上の歴史を有している。それなのに、大学の研究に隷属するかのごとき現状をどう解釈したらよいのであろうか。

教育センターを核とした実践研究は、授業研究同様衰退気味である。私は、授業研究に関してはこれまでのやり方を活性化するだけでよいと考えているが、実践研究については方法論を革新しないと、単なる活性化だけでは教育上の意義が薄いと感じている。

## 高い研究力量を誇る米国の教育行政官

米国では、教師の学習や研究を支援するさまざまなシステムが存在している。第三章で紹介したように、米国ではコーチングやメンタリング、クリティカルフレンズ、チューニングプロトコールなど、教師の学びを支援するためのプログラムが開発され、プログラムの指導者も大学研究者とは別個に養成されている。また、教師が大学院で学び、学位を取得して教育行政官になったり、研究者になる道も開かれている。このような教師の研究を支援する環境は、日本と米国で大きく隔たっていると感じる。

日本の初等中等教育の教師の平均レベルは米国に比べて高いと筆者は確信しているが、教育委員会の指導主事となると、事情が異なってくる。

第二章第四節で紹介したように、米国では教員の給与が低く、離職率も高いのに対し、教育委員会の指導主事になると、おおむね修士号か博士号を取得しており、給与が高くなる。教師の給与平均が四・四万ドルであるのに対し、指導主事の平均給与は七万ドルであり、州によっては、一〇万ドルを超える給与を得ている指導主事もいる。米国の指導主事をインタビューすると、大学院を修了した者にふさわしい研究者的知性を感じる機会が多かった。

ウィスコンシン州マジソン市教育委員会の教員研修担当指導主事は、大学の授業さながらに大量の資料を配付しながら演習を行っていた。彼は、学会のジャーナルを定期購読し、インターネットで大学の図書館を検索して常に最新の情報を得ていた。ボストンで出会った現職教育ＮＰＯのディレクターは、博士号を持っていて大学の研究者になることもできるのに、現場の教師とのふれあいを重視して現在の職を選択していた。

日本の指導主事と会っていると、教師としての力量は申し分ないと感じる一方、研究者としての力量に疑問を感じることが多い。国の判断や解釈を過剰に気遣い、現場の実践よりも、行政上の整合性を維持することに意を注ぐ指導主事が多い。教育センター職員の論文の指導を求められて、どのような先行研究を押さえたのか尋ねると、返事が返ってこないことが多い。

日本の教師は研究に従事することの文化的背景は持っている。教師の研究を支援するシステムを日本でも米国並みに構築したならば、授業研究の成果とあわせて、日本の教師をバージョンアップしてくれるはずである。

## ⑤ プロパガンダと自主的な改革

### ポジティブ・プロパガンダ

以上、日本の教師をバージョンアップするための戦略をいくつか提言した。最後にもう一つ、別の観点の必要性を提起しておきたい。それは、プロパガンダである。

日本の教育について必要なのは、教師自身のバージョンアップだけでなく、それを国民に理解していただくことである。第一章で説明したように、国民の多くは、学校を不信の目で見ている。実際には多くの教師が有能で、良心的であっても、マスコミが展開するネガティブ・プロパガンダによって学校を実態以上に悪く見ている。この状態を放置したままでは、教師がいかに努力しようとも現状の好転は期待できない。

日本では、多くの教師が良心的に職務に取り組んでいるにもかかわらず、それを外部に向けて説明しようとしていない。教師の実際の姿を見る人とマスコミからの情報のみで学校の姿を想像している人とでは学校のイメージがずいぶんと違っている。教師たちは、自分たちが行っていることを世の中に知らしめる必要がある。世の人々も、学校の中で教師たちがどのように勤務しているかを知りたがっている。学校のよい側面を伝える、ポジティブ・プロパガンダによって、学校の等身大の姿が国民に理解されたとき、教師への批判の声は、教師を応援する声に変わるはずである。
また、教育行政は、教師としての正しい鍛え方についての情報をもっと発信する必要がある。多くの教師が、授業研究の意義をおぼろげながら知っていても、日常の業務の消化に追われ、授業研究から遠のいている。本書で解説したように、授業研究が教師の暗黙知の獲得を促進し、彼らの力量向上につながるという認識が広まれば、授業研究に主体的に取り組む教師が多くなるにちがいない。

知識が正しくとも、その情報が多くの人に広まらないと実践的な効果が出ないことはよくあることである。本書の刊行意図の一つはここにある。

## 望まれる自主的な改革

本書で述べたことは、そのエッセンスを、筆者が講演者として招かれた場で何度か紹介してきた。その際にいただいた感想は「自分たちがやってきたことがまちがえていないとわかって安心した」「自信がついた」「世間からたたかれているばかりだったのに、光明が見えた」などというものであった。同時に、「授業研究が優れた研修手法であることはわかったが、既存のままでよしとするのではなく、新しいやり方を提示してもらえないか」という要望をいただく機会も多かった。そうしないと、楽なほうに流れる教師がいるとのことである。

私は、今の日本には怠惰に流れる、無責任な教師がいることを否定しない。しかし、彼らを厳しい教師修業の道に導くのに、トップダウン的に新しい手法を提起するのはあまり気が進まない。そのような提言は、国や都道府県や経済団体などがこれまで幾多も出しており、そのたびに教師たちから「またか」という嘆きを聞いてきたからである。

本書ではさまざまな戦略を提起した。読者（学校現場の教師たち）においては、これらの中から、納得する戦略を選び出し、できれば独自に修正して、実践していただきたい。そのような学校現場での自発的な取り組みの総体が、日本の教師たちの暗黙知を育み、授業力を伸ばし、日本の教育力を伸ばすことにつながると確信している。

# あとがき

――ネズミの嫁入り

筆者は、平成一二年の一年間、教育改革国民会議の事務局員を拝命した。事務局員に研究者も必要との考えで、文部省での勤務経験もある筆者に白羽の矢が立ったようである。研究所の研究室から、二〇名近くの事務局員の大部屋に移り、かつて経験した以上の深夜におよぶ勤務体系、総理や委員との交流、などなど、ハードであるが、新鮮な体験であった。

会議の準備が一段落したとき、小渕総理が事務局員と懇談の場を開いてくださったことがある。その場で、小渕総理が我々に聞かれた質問が大変印象に残っている。

「教師は誰が雇っているのかね」

私はびっくりした。なんと単純なことを聞く総理か。すでに文部省からレクされているはずであろうに、と思いながら、学校教育法における設置者負担主義、義務教育費国庫負担法、市町村立学校職員給与負担法などの概要を説明した。次の質問は「どうやって雇っているのかね」である。都道府県と指定都市が行っている教員採用試験の概要を説明した。校長の意見具申権の状況も説明した。その後も、事実確認の質問をいくつかいただき、その都度、日本の一般的状況を説明した。最後に小渕総理は「では、どうすれば教師はよくなれるのかね」と聞かれた。それまで流暢に説明していた我々は、一瞬ことばを失った。「それがわかれば苦労はしない」とは思いながら、その直前まで、さも教育のことをわかっているかの如く説明していた自分が、改革の方向性への問題意識が希薄なままに教育の現状を把握していただけということに気づいた瞬間であった。

教育改革の提言は、四六答申、臨教審、その後の中教審等で数多く出されている。もう策は出尽くしている、という認識が文部科学省関係者には多い。最近の中教審の議事録を読んでも、教育改革国民会議ですでに耳にした議論を繰り返している印象を受ける。おそらく、教育改革国民会議における議論も、かなりの部分で過去の中教審や臨教審ですでに議論されたものがあったのではないか。制度をこれ以上改正してもさほどの効果はない。それよりも、いかに現場が動いてくれるかが鍵である。

小渕総理は、国会答弁で会議の発足意図を「単に政府が審議会をつくってそこに答申を求めるということの以前の問題として、国民全体の中で何をなすべきかという考え方を作り上げていく必要があるのじゃないか」と述べている。有識者からの意見を募ったり、国民の教育改革の意見をメールやファックスで受け付けたり、中間報告後に意見募集すると同時に地方で公聴会を開いたり、教育改革国民会議の審議の間は、委員による審議以外に日本全体で教育を考えようという雰囲気が盛り上がっていた。その雰囲気こそが、小渕総理が目指していたものでなかったか。

小渕総理だけでなく、政権関係者の多くは、官邸や官庁の中で構想された施策をどう実施するかというよりも、どのような施策を構想すべきか、どのような施策を構想すれば国民の理解を得られるかということに関心がある。この構造は、ネズミの嫁入りに似ている。ネズミがいちばん偉いと思っていた太陽は、自分よりも雲が偉いと思い、雲は風を、風は壁を、壁はネズミを偉いと思っていた。そこまでの遍歴を通し、ネズミは自分の立場を自覚したのである。国民は教育に対する不満と責任の所在を文部科学省に向けることが多い。ところが、文部科学省は官邸や国会の影響を強く感じている。そして官邸や国会が恐れているのは、国民なのである。

教育改革国民会議の事務局が解散となり、筆者は研究所に戻った。それ以前からも現場に出向く調査は行っていたものの、今や意識は変わっていた。中央の誰も有効な解決策を持っていない。解決策は現場にある。現場がどう考えており、どうすれば現場が動くのかを探る必要があった。

現在は、教育改革に対して被害者意識を持つ教師が多い。彼らは、この状況をどうにかしてほしいと、「太陽」に願っていないだろうか。しかし、太陽は「自分に頼まれても困る。雲が来たら自分は隠れてしまうのだから」と答え、雲は「風が吹いたら自分は吹き飛んでしまう」と答え、風は「壁にぶち当たったら、どうしようもできない」と答える。最後に壁は、「私はあなたに倒されるのですよ」と教師に答えることになるのだ。

日本の教育改革を成功させ、日本の教育をさらにすばらしいものに変えていく鍵は教師にある。自信を失いつつある教師に必要なのは、国よりも、地方の施策であろう。自律性を欠いているかに見える地方教育行政は、実際は、相当の底力を持っている。本書で紹介したように、米国では多くの教師が数年で教職から離れてしまうのに対し、日本の教師は生涯教師として働き続け、そのキャリア形成過程の中で柔軟に、しっかりとした力量を有する教育行政官が育成されている。日本の教師のキャリア形成過程には、学校現場や自主的な研究サークルでの授業研究が根づいていることはすでに本書で言及したとおりである。

本書は、閉塞状況に見える日本の教育の優れた部分に焦点を当て、そこを起点として改革を推進することを意図している。今の日本には、大きな改革よりも小さな変革を確実に進めることが必要である。

「うちの子どものクラスの先生はちゃんとしている」と多くの親が思っている。そのしっかりした教師たちが、正当に評価され、他の教師たちを巻き込んで改革の推進力となる時に、日本の教育改革は成功すると確信している。

互いに相手の問題点を指摘し合うかぎり、進展はない。今ある体制でやれることをやらないといけない。そのような思いを胸に、地方を行脚し、米国に旅したネズミのとりあえずの結論が本書である。

【参考文献】

第一章

ベネッセ教育研究所『第3回学習基本調査報告書』二〇〇二

文部科学省『学校教員統計調査報告書』昭和六一年度、平成元年度、平成四年度、平成七年度、平成一〇年度、平成一三年度

日本教職員組合生活局『職場点検月間全国実態調査報告書（二〇〇二年一〇月実施）』二〇〇三

文部科学省『学校基本調査報告書　平成一五年度初等中等教育機関』国立印刷局二〇〇三

第二章

Riley, Richard, "Education Reform through Standards and Partnerships, 1993-2000", Phi Delta Kappan, May 1 2002

Stigler, James & Hiebert, James, "Teaching Gap" Simon&Schuster Inc. 1999（湊三郎訳『日本の算数・数学教育に学べ』教育出版二〇〇二）

高橋昭彦「日米授業研究の現状と課題―アメリカで注目されている日本の授業研究」日本数学教育学会誌第八二巻一二号二〇〇〇

高橋昭彦「アメリカで注目される日本の授業研究　上中下」週刊教育資料№八二四、八二五、八二六 二〇〇三年一一月一〇、一七、二四日

Ingersoll, Richard, "Teacher Turnover and Teacher Shortages: An Organizational Analysis." American Educational Research Journal. 38, Fall 2000

牛渡淳『現代米国教員研修改革の研究』風間書房二〇〇二

山崎準二『教師のライフコース研究』創風社二〇〇二

Lewis, Catherine C., "Lesson Study: A Handbook of Teacher-Led Instructional Change", Research for Better Schools, 2002

酒井朗「教師の成長をはぐくむ学校文化」藤岡完治・澤本和子編『授業で成長する教師』ぎょうせい 一九九九

Shimabara, N. & Sakai, Akira, Learning to Teach in Two Cultures: Japan and the United States, Garland Publishig Inc., 1995


## 第三章


Shon, Donald, "The Reflective Practitioner: How Professional Think in Action" Basic Books 1983（佐藤学・秋田喜代美訳『専門家の知恵―反省的実践家は行為しながら考える』ゆみる出版二〇〇一）

Goodlad, John "Teachers for Our Nation's Schools" Jossey-Bass Publishers 1990

Lucas, Christopher "Teacher education in America : reform agendas for the twenty-first century" St. Martin's Press 1997

Borrowman, Merle "Teacher education in America; a documentary history" Teachers College Press 1965

牛渡淳『現代米国教員研修改革の研究』風間書房二〇〇二

National Staff Development Council "Journal of Staff Development" Summer 1999

Association for Supervision and Curriculum Development "Educational Leadership" March 2002

Zeichner K., ' Educational Action Research ' in "Handbook of Action Research " edited by Peter Reason & Hilary Bradbury SAGE 2001

Zeichner K. 'Teacher Research as Professional Development for P-12 Educators in the U.S.' Educational Action Research Vol.11 Nomber 2 2003

Cochran-Smith, M. and Lytle, S. "Inside-Outside: Teacher research and knowledge" Teachers College Press 1993

Huberman, M. 'Moving Mainstream: Taking a closer look at teacher research' Language Arts, 73 1996

Zeichner K. et al 'Critical Practitioner Inquiry and the Transformation of Teacher Education in Namibia' Educational Action Research Vol.6 No.2 1998

Zeichner Ken and Dahlstrom Lars "Democratic Teacher Education Reform in Africa: A Case of Namibia" Gamsberg Macmillan 1999

Cathy Caro-Bruece "Action Reaearch Facilitator's Handbook" NSDC 2000

Cathy Caro-Bruece and Ken Zeichner "Classroom Action Research: The Nature and Impact of an Action Research Professional Development Program in One Urban School District" 1998

Hollingsworth, Sandra ed., "International Action Research: A Casebook for Educational Reform" Falmer Press, 1997

McTaggart, Robin ed., "Patticipatory Action Research ", State University of New York

Press, 1997
佐野正之『アクション・リサーチのすすめ－新しい英語授業研究』大修館書店 二〇〇〇

**第四章**

マイケル・ポランニー 佐藤敬三訳『暗黙知の次元』紀伊国屋書店 一九八〇
ポランニー 長尾史郎訳『個人的知識』ハーベスト社 一九八五
野中郁次郎、竹内弘高『知識創造企業』東洋経済新報社 一九九六
向山洋一「絶えざる追究過程への参加」現代教育科学 一九八〇・六
小笠原喜康「向山洋一氏の「全員をとばせる技術」論批判」現代教育科学 一九八三・一
宇佐見寛「意味論的正確と語用論的適切」現代教育科学 一九八三・五
生田久美子『「わざ」から知る』東京大学出版会 一九八七
安部崇慶『芸道の教育』ナカニシヤ出版 一九九七

**第五章**

稲垣忠彦『授業研究の歩み』評論社 一九九五
稲垣忠彦・佐藤学『授業研究入門』岩波書店 一九九六
稲垣忠彦編『日本の教師20 教師の教育研究』ぎょうせい 一九九三
大村はま／苅谷剛彦・夏子『教えることの復権』筑摩書房 二〇〇三
山崎準二『教師のライフコース研究』創風社 二〇〇二
藤岡完治「仲間と共に成長する」浅田匡、生田孝至、藤岡完治編『成長する教師―教師学への

誘い』金子書房 一九九八
藤岡完治、井上裕光「教師教育のための授業分析法の開発」横浜国立大学教育学部教育実践研究指導センター紀要№九 一九九三
山中伸一、目黒悟「カード構造化法の手順」藤沢市教育文化センター『教育実践臨床研究 学びに立ち会う―授業研究の新しいパラダイム』二〇〇二

## 第六章

国立教育研究所教育経営研究部「平成七年度学校改善研究プロジェクト活動報告書」一九九六
都道府県指定都市教育研究所長協議会「これからの教育センター等の在り方に関する調査研究」二〇〇二
千々布敏弥「教育センターにおける「カリキュラムセンター機能」をめぐる改革動向」国立教育政策研究所紀要第一三三集 二〇〇四
千々布敏弥「教育委員会組織と一体化した岐阜県総合教育センター」週刊教育資料二〇〇二年八月二六日
千々布敏弥「組織をフラット化した三重県総合教育センター」週刊教育資料二〇〇二年一〇月一四日

## 第七章

Stigler, James & Hiebert, James, "Teaching Gap" Simon&Schuster Inc. 1999（湊三郎訳『日本の算数・数学教育に学べ』教育出版二〇〇二）

安田豊『未来への年輪―北条教育六十年を語る』東洋館出版社一九八六
Barringer, Mary-Dean, 'How the National Board Builds Professionalism' Educational Leadership, 1993.3
Education Week "Quality Couts 2003" Education Week 2003.7.2
本間政雄、高橋誠編著『諸外国の教育改革』ぎょうせい二〇〇〇
八尾坂修『アメリカ合衆国教員免許制度の研究』風間書房二〇〇〇
Vandevoort, Leslie G. et al, 'National Board Certified Teachers and Their Students' Achievement', Arizona State University "Education Policy Analysis Archives, 12(46)",2004
Goldhaber, Dan and Anthony, Emily, 'Can Teacher Be Effectively Assessed?', University of Washington Working Paper, 2004
National Board for Professional Teaching Standards, "A Distinction That Matters: Why National Teacher Certification Makes a Difference",2000.9
National Board for Professional Teaching Standards, "Accomplished Teachers Taking on New Leadership Roles in Schools; Survey Reveals Growing Participation in Efforts To Improve Teaching & Learning", 2001.4
National Board for Professional Teaching Standards, "The Impact of National Board Certification on Teachers: A Survey of National Board Certified Teachers and Assessors", 2001.fall
千々布敏弥「カリキュラム開発支援センターを設立する京都市」週刊教育資料二〇〇三年一月二七日

## ■著者紹介

千々布敏弥（ちちぶ　としや）

昭和36年12月長崎県生まれ。平成２年九州大学大学院博士課程中退、文部省入省。その後私大教員を経て、平成10年に国立教育研究所（現・国立教育政策研究所）。平成12年、内閣内政審議室教育改革国民会議担当室併任。現在の主な職務は全国教育研究所連盟事務局。

日本の教師再生戦略

2005年6月13日　初版第1刷発行
2006年2月14日　初版第2刷発行

著　者　千々布敏弥
発行者　小 林 一 光
発行所　教育出版株式会社

〒101-0051　東京都千代田区神田神保町2-10
TEL 03(3238)6965　FAX03(3238)6999
振替 00190-1-107340
URL http://www.kyoiku-shuppan.co.jp/

©T. Chichibu 2005
Printed in Japan
落丁・乱丁はお取替えいたします。

印刷　モリモト印刷
製本　上島製本

ISBN4-316-80169-4 C3037